비즈니스 프레젠테이션

김연미 지음

광고처럼 해라

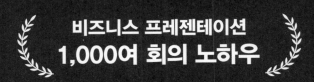

비즈니스 프레젠테이션
1,000여 회의 노하우

박영사

20여 년 전 처음 비즈니스 프레젠테이션을 했던 날의 떨림이 기억난다. 억양이나 동작, 청중과의 눈 맞춤은 고려할 수조차 없었다. 일단 프레젠테이션 핵심이 빠짐없이 전달되어야 한다는 일념으로 내용을 나열하기 바빴고, 처음부터 끝까지 강한 어조로 일관했으며, 몸까지 떨렸던 기억이 있다. 'Q&A 시간에 혹시 준비하지 못한 질문이 나오면 어떡하지?'라는 걱정이 앞섰다. 프레젠테이션이 끝난 후 녹음된 파일을 들어봤다. 부끄러워서 잠을 못 이룰 지경이었다.

비즈니스 현장에서의 프레젠테이션은 처음엔 누구에게나 두렵다. 사람들 앞에서 조리 있게 얘기하기도 쉽지 않은데 다른 부서, 다른 회사와 경쟁 프레젠테이션을 해야 할 경우엔 아무리 경험이 많아도 떨리는 것이 자연스러운 일이다. 다만 그 떨림이 두려움과 설렘 가운데 어느 쪽에 무게가 실리느냐가 달라질 뿐이다. 프레젠테이션 초창기에는 두려움이 앞섰다면, 이제는 나의 프레젠테이션을 듣는 청중과 새로운 비즈니스 인연을 맺고, 그들에게 도움이 될 수 있는 분석과 통찰력을 선물하고 싶다는 설렘이 더 앞선다.

프레젠테이션은 효과적인 비즈니스 커뮤니케이션 도구다. 나는 리서치 회사에 입사한 뒤 직장 생활 초기부터 '프레젠테이션은 비즈니스의 꽃'이라고 생각했다. 아무리 콘텐츠가 훌륭하더라도 그 핵심을 알기 쉽고 체감할 수 있게 상대방에게 전달하지 않으면 소용이 없다는 생각에

서였다. 보석 같은 콘텐츠라도 자갈로 방치될 수도 있다. 그래서 나는 프레젠테이션 기회가 있을 때마다 뒤로 물러서지 않고 적극적으로 참여했다. 경험이 프로페셔널을 만들 수 있다는 신념이 있었기 때문이다.

리서치 업계에서 20여 년을 일하며 천여 회의 프레젠테이션 기회를 얻었다. 어느덧 시장 조사 업계에서 가장 많은 프레젠테이션을 한 리서처가 됐다고 자평한다. 마케팅 조사 분야에서 전자, 자동차와 같은 내구재는 물론 식품, 화장품과 같은 소비재, 또 건설과 금융, 일반 의약품까지 다양한 비즈니스 프로젝트를 수행했다. 시장 조사 업계의 특수성으로 인해 다양한 업종의 고객과 비즈니스 기회를 가진 것이다. 프레젠테이션 대상도 현장에서 뛰는 직원은 물론 대리, 과장 직급의 실무진뿐 아니라 의사 결정권자인 대기업 임원과 CEO까지 폭넓게 경험했다. 결과적으로, 프레젠테이션을 할 수 있는 기회가 많다 보니 나름대로 노하우가 쌓였고, 고객들의 반응에 힘입어 더 많은 기회가 주어지는 선순환이 이뤄졌다. 감사한 일이다. 이제는 사회 초년생들에게 경험을 나누며 프레젠테이션 기법을 강의하는 기회도 마련하고 있다. 나는 지금도 프레젠테이션 기회를 소중히 여긴다. 내가 수행한 리서치 결과와 분석이 비즈니스 현장에서 장단기 방향 설정의 토대가 되고 수익 증대로 이어졌다는 반응이 올 때 일에 대한 자긍심을 느낀다.

직장 생활을 하든, 사업을 하든 간에 사회생활에서 프레젠테이션은 피할 수 없는 과제다. 우리는 입사와 더불어 수많은 프레젠테이션 기회에 맞닥뜨린다. 작게는 회의에서 발표하는 것부터 시작해 새로운 프로젝트를 제안하거나 프로젝트 성과를 보고할 때가 있고, 다른 부서·다른 회사와의 경쟁 프레젠테이션에 나서야 할 때도 있다.

프레젠테이션이 부실해 아이디어나 프로젝트가 무산되고 나아가 경력 확장이 제한되는 경우까지 나온다. '성공하려면 프레젠테이션을 잘해야 한다'는 말이 괜히 나온 것은 아니다. 하지만 타고난 프레젠터는 없다고 믿는다. 준비하고 단련하는 현장 경험이 반복되면서 내공이 쌓이고 통찰력을 갖춘 프레젠터가 된다.

나는 리서치 회사에서 대리 직급 때부터 리서치 결과를 브리핑하는 '보고 프레젠테이션'을 시작했고, 과장이 되면서부터는 신규 프로젝트를 수주하기 위해 본격적인 경쟁 프레젠테이션에 나섰다. 비즈니스 프레젠테이션은 작게는 우리 팀, 우리 부서의 경쟁력, 크게는 우리 회사의 생존이 걸린 치열한 전쟁터다. 특히 경쟁 프레젠테이션에서 리서치 프로젝트를 수주했다면 고객사가 지급한 비용이 아깝지 않게 통찰력을 제공해야 한다. 그 결과가 프레젠테이션으로 응집된다. 그리고 고객의 긍정적 평가는 곧 또 다른 비즈니스 기회와 연계되는 신용보증서 역할을 한다. 나는 그 과정에서 수많은 시행착오를 겪었다. 실수도 많았다. 물론 이 같은 경험이 다음 프레젠테이션을 한 단계 도약하게 하는 발판이 됐다고 믿지만, '시행착오를 줄일 수도 있었을 텐데' 하는 아쉬움이 남았다.

특히 프레젠테이션에 나서는 후배들을 위해 '현장에 기반한 가이드라인'의 필요성을 절감했다. 원론적인 프레젠테이션 기법을 설명하는 도서나 강의들은 찾아 볼 수 있지만 실무적인 현장 상황과는 괴리가 있다는 생각을 떨쳐버릴 수 없었다. 내가 겪었던 시행착오와 경험이 비즈니스 프레젠테이션에 나서는 누군가에게 프레젠테이션 실수와 스트레스를 줄이는 데 도움이 될 수도 있겠다는 생각이 이 책을 쓰게 이끌었다. 현장 경험을 바탕으로 '프레젠테이션의 A to Z'를 정리하려고 노력했다. 프레젠테이션에 임하는 마음가짐부터 준비, 실행에 이르는 전 과정에서 느낀 노하우를 공유하려고 했다. 이 책을 통해 독자들이 비즈니스 프레젠테이션을 더이상 두려움의 대상이 아닌 설렘으로 맞이할 수 있기를 진심으로 소망한다.

마케팅 리서처로서 20여 년 동안 한 길을 걸을 수 있었던 것은 길을 안내해 준 선배들과 어려움이 있을 때마다 든든하게 뒷받침해 준 후배들, 그리고 함께 고민을 나눠준 동료들이 있어 가능했다. 감사하다. 천 번이 넘는 프레젠테이션 기회를 가진 것은 나를 믿고 프로젝트를 맡겨 준 비즈니스 파트너들이 있었기에 가능했다. 감사하다. 마지막으로 리서처의 삶을 존중하고 격려하며 내 곁을 묵묵히 함께해 준 남편과 엄마의 사회생활을 응원하며 자신의 인생을 스스로 개척해가고 있는 아들에게 감사의 마음을 전한다.

차례

나도 프레젠테이션
고수가 될 수 있다

프레젠테이션은 '한 편의 광고'다

프레젠테이션을 Chat GPT는 어떻게 정의할까?

A presentation is a formal communication process in which information, ideas, or thoughts are shared with an audience. It typically involves using visual aids, such as slides, charts, or graphs, to help convey the message effectively. Presentations can be conducted in various settings, including business meetings, conferences, educational settings, and social gatherings. They are designed to inform, persuade, or entertain the audience by delivering a structured and organized presentation of information.

즉 프레젠테이션은 '정보, 아이디어, 생각들을 청중과 함께 공유하는 공식적 커뮤니케이션으로, 메시지를 효과적으로 전달하기 위해 슬라이드와 차트, 그래프 등 시각적 자료를 활용해 비즈니스 미팅, 회의, 교육, 모임 등의 다양한 환경에서 수행되며, 정보를 구조화해서 전달함으로써 정보를 알리거나 설득하기 위해 수행하는 행위'라고 대답한다. 군더더기가 없는 답이다. 하지만 마음을 두드리는 공명이 부족하다.

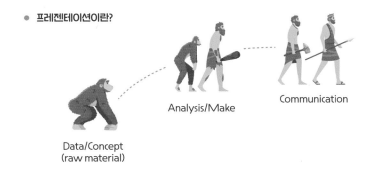

● 프레젠테이션이란?

Analysis/Make

Communication

Data/Concept
(raw material)

특히 비즈니스 프레젠테이션을 한마디로 정의할 수는 없을까? 나는 비즈니스 프레젠테이션을 '한 편의 광고'라고 생각한다. 광고처럼 프레젠터가 모델이 되어 효과적인 설득 수단을 사용해 비즈니스 관련 콘텐츠를 전달한다. 비즈니스 기회를 만들거나 프로젝트를 제안하고 결과를 보고하는 다양한 행위가 비즈니스 프레젠테이션 범주에서 행해진다. 이 과정이 집약된 프레젠테이션을 살펴보자. '시간은 한정돼 있다', '콘텐츠를 부각하는 데이터와 자료는 선택과 집중을 해야 한다', '핵심 콘텐츠는 공감을 얻어 반향을 일으켜야 한다'라는 점은 광고와 매우 닮아있지 않은가. 내가 광고 관련 마케팅 조사를 수년간 하다 보니 더욱 프레젠테이션이 광고와 맥락이 닿아있음을 체감할 수 있었다. 그래서 나는 '프레젠테이션을 광고처럼 하라'고 강조한다. 광고를 만든다는 생각으로 프레젠테이션을 준비하면 당신도 비즈니스 프레젠테이션의 고수가 될 수 있다. 다음에 소개하는 광고의 맥락을 프레젠테이션에 도입해보자.

① 광고처럼 **타깃층에 집중하라**

광고는 누구를 타깃으로 삼느냐에 따라 내용과 구성이 달라진다. 상품 광고를 예로 들어보자. 성인을 대상으로 하는 의약품이 효과를 구현하는 데 중점을 둔다면, 어린이를 대상으로 한 의약품에선 약에 대한 두려움을 없애는 것도 중요한 광고 포인트 중 하나다. 타깃층에 따라 광고 내용이 달라지는 것이다. 타깃층의 감성도 고려해야 한다. 전자제품의 경우 최근엔 기능 못지않게 타깃층이 선호하는 디자인 감성도 감안해야 한다. 제품 선택의 중요 요소가 됐기 때문이다. 선물을 줄 때 어떤 생각을 하는가? 대상에 따라 품목이 달라진다. 사랑하는 사람인지, 직장 선후배인지에 따라 선물의 종류가 달라지고, 연령대와 성별에 따라서도 품목이나 포장이 달라진다. 이처럼 선물을 줄 때 대상의 성향과 기호를 반영하듯이 타깃층의 욕구와 감성을 정확히 알고 자극해야 광고가 성공하는 것이다. 프레젠테이션도 마찬가지다. 청중의 필요 욕구를 충족시켜주기 위해서는 청중의 성향과 연령, 관심사를 반드시 사전에 파악해야 한다. 타깃층을 정확히 파악해 공략하지 못했을 때 광고가 성공하지 못하듯이 청중에 대한 분석이 제대로 되지 않았을 때 프레젠테이션의 성공 가능성은 그만큼 낮아진다.

2023년에 버드라이트(Bud Light) 맥주는 마케팅 전략 실패로 미국 내 1위 맥주 브랜드 지위를 경쟁자에게 내어줄 수밖에 없었다. 2023년 4월, 버드라이트는 트랜스젠더 인플루언서인 딜런 멀바니를 협찬했다. 멀바니는 1년여 전 남성에서 여성으로 성전환한 트랜스젠더로, 이 사실을 대중에게 밝히면서 화제가 됐던 인물이다. 당시 버드라이트는 멀바니의 얼굴을 넣어 특별 제작한 캔 맥주 제품을 멀바니에게 선물했다. 이후 멀바니는 이를 자랑하는 홍보영상을 공개했는데 이 영상이 주 고객층이었던 보수 남성층의 반발을 불러일으킨 것이다.

2023년 버드라이트 자료 삽화

보수성향의 정치인은 물론 운동선수, 연예인 등이 불쾌감을 표시하며 불매 의사를 밝히면서 버드라이트 맥주는 사회적인 논란의 대상으로 떠올랐다. 성 소수자에 반감을 갖고 있던 미국 보수층이 자신들이 즐겨 마시던 버드라이트에 배신감을 느낀 것이다. 버드라이트에 대한 불매 운동은 물론 이 회사의 모든 제품을 보이콧하는 상황으로까지 파장은 확산됐다. 심지어는 버드라이트 캔에 총을 쏘거나, 냉장고에 있는 버드라이트 맥주를 모두 버리는 영상까지 유행했다.

버드라이트는 트랜스젠더를 협찬해 다양한 계층으로 고객층을 넓히려는 의도가 있었을 것이다. 하지만 결과적으로 주 고객층의 반발을 사면서 매출은 급감했고 순식간에 20년 넘게 지켜온 정상 자리를 내준 것이다. 버드라이트는 이후 고객 맞춤형 광고를 부랴부랴 만들어 내보냈지만 후유증은 한동안 이어졌다. 이 같은 사례는 타깃층의 성향을 잘못 읽고 캠페인을 전개했을 때의 부작용을 보여준다. 프레젠테이션에서도 청중에 대한 파악이 우선되지 않으면 어떤 결과를 빚을 수 있는지 생각해 볼 대목이다.

② 광고처럼 차별화 포인트로 관심을 끌어라

TV 광고를 볼 때 처음 몇 초 동안 흥미를 끌지 못하면 시선을 돌리거나 채널을 이동한다. 바로 그 광고의 첫 장면, 도입부에서 시청자의 관심을 끌지 못하면 중간에 다시 관심을 모을만한 기회가 주어지기 어렵다. 광고에서는 차별화 포인트를 창의적으로 개발하는 경쟁이 끊임없이 이뤄진다. 일단 차별화된 아이디어로 잠재적인 고객을 자극할 수 있어야 구매고객으로 바뀌고, 더 나아가 충성고객으로 이어질 수 있기 때문이다. TV 광고를 봐라. 같은 품목의 광고라도 회사별로, 브랜드별로 모두 다르다. 상품의 우수성을 강조하기 위해 각종 아이디어를 쏟아낸다. 프레젠테이션에서도 핵심 메시지를 전달하기 위해 차별화된 방식을 활용해야 한다. 프레젠테이션에 참여하는 청중도 지속해서 집중하는 사람은 많지 않다. 관심을 끌 수 있는 요소를 지속적으로 제공해야 청중이 집중한다. 유명 프레젠터들이 유머로 프레젠테이션을 이끌어가는 경우가 많은 것도 주의를 끌기 위한 기술이다. 예를 들어 프레젠테이션에서 생각지 못한 소품을 사용한다면 시선을 붙잡을 수 있을 것이다. 프레젠터의 표정이나 복장에서도 관심을 불러일으킬 수 있다. 패션 회사에서 비즈니스 프레젠테이션을 할 경우엔 해당 기업 브랜드의 옷을 입고 장단점을 말하면서 시작하면 어떨까? 이처럼 다양하고 신선한 아이디어를 통해 청중의 관심을 집중시켜야 한다. 프레젠터가 직접 경험한 사례를 들어 청중의 체감도를 높일 수도 있다. 인터뷰 영상을 활용할 수도 있고, 무대 위에서 시연을 할 수도 있다. 파워포인트 슬라이드를 통해 딱딱한 데이터를 그림과 그래픽으로 시각화해 일목요연하게 보여주는 방법도 있다. 어느 것이 효과적인지 고민이 필요한 대목이다.

광고

세계적인 패스트푸드 체인인 버거킹은 곰팡이가 잔뜩 낀 상한 버거 이른바 곰팡이 버거를 광고에 활용하며 '인공 방부제가 없는 아름다움'이라는 메시지를 전달했다. 인공적인 방부제를 쓰지 않는다는 점을 강조하기 위해 대표 상품의 부패 과정을 파격적으로 보여준 것이다. 이 광고에 사람들이 주목하게 된 이유는 무엇일까? 기존 식품 광고가 대부분 음식이 맛있다는 것을 강조해 식욕을 자극하는 광고였던 반면, 이 버거킹 광고는 이런 공식을 깬 역발상이 돋보였기 때문이다.

버거킹, The Beauty of No Artificial Preservatives
(인공방부제가 없는 아름다움), 2020

광고든 프레젠테이션이든 사람들의 주의를 끌려면 기존과는 다른 요소가 있어야 한다는 것을 여실히 보여준다. 부패되는 모습에 소비자들의 구입 의향에 일부 거부반응도 나타났지만 광고 주목도는 단연 높았고, 신선함이 강조됐다. 일단 소비자들의 눈에 띄고 관심을 모아 원하는 메시지를 전달하는 데 성공한 것이다.

QR코드를 스캔해,
광고를 시청해 보세요.

아랍에미리트연합 두바이 해변에 높이 5미터, 깊이 3미터에 이르는 액체 옥외광고물 즉 투명 수영장이 만들어졌다.

아디다스 수영복 액체 옥외광고(Liquid Billboard),
아랍에미리트연합 두바이 해변, 2021

세계적인 스포츠브랜드 아디다스는 이 옥외광고물에 다리가 하나 뿐인 기네스 기록 보유자라든가 에베레스트 산을 등반한 사우디 최초의 여성 등을 초대해 수영을 하게 하고, 이 광경을 대형 쇼핑몰인 두바이몰에서 실시간 중계했다. 그리고 'Beyond the Surface' 캠페인을 전개했다. 여성의 노출을 제한하는 중동에서 장벽을 뛰어넘자는 메시지를 전한 것이다. 'Beyond the Surface'는 체형은 물론 종교와도 상관없이 모든 여성들이 자유롭게 수영을 즐길 수 있도록 하겠다는 아디다스의 비전을 담고 있다. 아디다스는 중동 여성들이 노출에 대한 걱정 없이 자신 있게 수영을 즐길 수 있도록 온몸을 가린 수영복 부르키니[1]를 출시했고 이 수영복의 론칭을 알리기 위해 투명 아크릴 수영장 형태의 액체 옥외광고(Liquid Billboard)를 진행한 것이다. 소비자

---

1   무슬림 여성의 복식인 부르카(burqa)와 비키니(bikini)를 조합한 말. 신체 전부를 가린 수영복.

들의 관심을 끄는 것과 동시에 기업의 역동적인 메시지도 널리 알리는 효과를 톡톡히 거뒀다. 이처럼 프레젠테이션에서도 메시지와 연결해 관심을 끌어내기 위한 노력이 필요하다.

③ 광고처럼 **메시지는 명확하고 간결하게 하라**

상업광고는 구매 욕구를 자극해야 한다. 공익광고는 정보를 전달하거나 주의를 환기해 행동을 변화시켜야 한다. 그러기 위해 핵심 메시지가 명확해야 한다. 프레젠테이션도 전달하고자 하는 핵심 메시지를 명확히 해야 한다. 메시지가 명확하지 않으면 속 빈 강정이다. 프레젠테이션은 주제에 대해 정보와 통찰력을 전달하는 과정이다. 설득을 위한 것인지, 정보 전달을 위한 것인지, 의사결정을 위한 것인지 그 목적에 맞춰서 콘텐츠가 구성돼야 한다. 경쟁 프레젠테이션이라면 자사나 자신의 강점을 내세워 선택받는 것이 우선이 되어야 할 것이다. 결국 프레젠테이션을 왜 하는지에 관한 생각을 잊어서는 안 된다. 광고의 효과를 평가할 때 소비자들이 광고에서 전달하는 메시지가 무엇인지를 인지하지 못할 때가 있다. '무엇을 광고하는 거지?'라고 의문을 가지게 하면 광고는 실패다. 마찬가지로 '프레젠터가 전달하는 메시지가 뭐지?'라는 의문을 남기면 프레젠테이션은 실패다. 메시지를 명확히 하는 방법은 다양하다. 단순한 말 한마디나 시각적 효과만으로도 핵심을 충분히 전달할 수 있다.

제품과 브랜드의 이미지와 특성을 단 한 문장으로 압축한 대표적인 사례가 광고에 활용되는 슬로건이다. 제품의 특성을 표현하기도 하고 브랜드의 가치와 비전을 메시지화하기도 한다.

• 나이키 "Just Do It"(그냥 해보세요)

사람들이 한계를 뛰어넘고 목표를 추구하도록 북돋우는 나이키 브랜드의 동기부여 캠페인으로 나이키 브랜드 이미지를 결단력과 활동성, 도전정신과 연결한다.

• 폭스바겐 "Think Small"(작게 생각하세요)

크고 강력한 자동차에 대한 기존 아이디어에 도전하여 작은 폭스바겐 비틀을 스마트하고 실용적인 선택으로 자리매김한다.

• 드비어스 "A Diamond is forever"(다이아몬드는 영원합니다)

다이아몬드는 시대를 초월하고 영원하다는 생각을 주입해 지속적인 사랑과 헌신의 상징으로 홍보한다.

2020년 3월 코로나 19가 전 세계를 공포에 집어넣을 때 코카콜라(Coca-Cola)가 미국 뉴욕 타임스퀘어 광고판을 통해 '사회적 거리두기' 메시지를 전했다.

코카콜라, 뉴욕 타임스퀘어 옥외광고, 2020

코로나로 인한 '사회적 거리두기'가 한창일 때 코카콜라는 이에 동참한다는 뜻을 로고의 띄어쓰기를 통해 전달한 것이다. 코카콜라는 "우리가 단합하기 위한 가장 좋은 방법은 떨어져 있는 것이다(Staying apart is the best way to stay united)"라는 메시지를 띄어쓰기만으로 명확히 전달했다. 당시 다른 브랜드들도 이 같은 로고의 띄어쓰기를 많이 사용했다.

광고

삼성전자가 영국에서 집행한 옥외광고다. 스마트폰이 접힌다는 것을 옥외광고에서 절묘하게 접은 모양으로 표현해 한눈에도 제품의 특성을 알 수 있다. 많은 문장과 단어를 넣는 것보다 한 장의 사진이 더 강렬하게 메시지를 전달할 수 있음을 보여준다.

Photo by James Bonner

삼성 갤럭시 Z Flip4 옥외광고, 영국 런던, 2022. 10.

이처럼 옥외광고를 보면, 어떻게 눈길을 더 끌면서 메시지를 명확하고 간결하게 전달하는지를 알 수 있다. 광고에서 핵심 메시지를 전달하는 방법은 프레젠테이션에 응용해 볼만하다. 핵심 메시지를 청중에게 전달할 때 단 한 문장, 단 한 컷의 사진, 단 하나의 수치만으로도 청중을 몰입시킬 수 있음을 광고를 통해 알 수 있다. 단순함이 결코 단순하지 않은 결과를 낳는다는 것을 광고는 증명하고 있다.

④ 광고처럼 **주인공은 모델이 아니라 콘텐츠다**

광고에서는 브랜드 및 제품의 홍보 효과를 높이기 위해 유명 연예인이나 인플루언서, 사회적으로 알려진 인사들을 섭외해 활용한다. 광고를 기억하고 인지하는 데 효과적이기 때문이다. 그런데 문제는 연예인은 기억나는데 브랜드가 기억나지 않는 경우가 생긴다. 이는 실패한 광고다. 광고가 재미있고 완성도 높게 제작됐을지라도 광고의 목적이 달성되지 못하면 비즈니스 성과가 나타나지 않기 때문이다. 콘텐츠가 주인공이어야 한다는 얘기다. 광고 모델을 통해 상품의 특성과 브랜드 이미지가 부각돼야 하는데 이를 간과한 것이다. 실제 광고조사를 하다 보면 실패한 광고의 50% 이상은 브랜드를 제대로 인지시키지 못하는 데 있다. 유명인이 나온 광고를 떠올려보자. '연예인 ○○○이 나왔는데 그 브랜드가 뭐였더라'라고 한참을 생각하는 경우가 의외로 많다. 광고 모델이 강한 인상을 심어줬기 때문에 긍정적 효과로 볼 수도 있지만 모델의 이미지 때문에 브랜드 연상이 저해되는 양날의 검이 된 것이다. 패션쇼를 유심히 살펴보자. 패션쇼에서 의상 디자이너는 모델보다는 의상이 시선을 끌도록 노력한다. 모델의 화려함을 최대한 자제한다. 의상에 시선이 모아져야 하기 때문이다. 프레젠테이션에서도 목적과 수단을 혼동해서는 안 된다. 프레젠터의 화려한 언변과 유머로 프레젠테이션의 반응이 뜨거웠다 하더라도 핵심 콘텐츠에 대해 청중의 이해와 기억이 부족하다면 프레젠테이션은 실패다. 콘텐츠를 부각시키는 노력이 부족했다는 의미다. 프레젠터의 역할은 핵심 콘텐츠를 전달하는 것임을 잊어선 안 된다. 그 수단이 다양하게 존재할 뿐이다. 주인공은 프레젠터가 아니라 콘텐츠다.

    마케팅 조사 회사에서 중간 간부였을 때 일이다. 회사에서는 리서처들의 프레젠테이션 능력을 키우기 위한 훈련을 시도했다. 일주일에 한 번씩 하는 정례 간부 회의 자리에서 팀장들이 돌아가면서 프레젠테이션을 하도록 했다. 리서치 수주 확대를 위해 프레젠테이션 능력이 중요했기 때문이다. 주제는 자유로웠다. 그 프레젠테이션을 녹화해 임원진들이 보고 피드백을 줘 프레젠테이션을 개선하는 방식이었다. 당시 나는 프레젠테이션 차례가 돌아올 때마다 흥미 요소에 집중했다. '재미있는' 주제를 찾으려 노력했고 '재미있는' 사례를 찾으려 노력했다. 여기에 적절한 유머와 흥미를 끄는 행동을 섞어 프레젠테이션을 진행했다. 청중을 즐겁게 만족시켜야 프레젠테이션이 성공한다는 생각이 강했던 시기였다. 재미있지 않고 분위기가 처져 반응이 적으면 왠지 실패한 것 같았다. 프레젠테이션 기회가 주어질 때마다 노력한 대로 소기의 성과를 거뒀다. 내가 프레젠테이션을 할 때 동료들은 즐거워했고, '오늘은 어떤 재미가 있을까' 기대하는 눈치였다. 그런데 동료들의 반응에서 강하게 다가오는 충격이 있었다. 동료들은 유머나 흥미를 끄는 행동을 명확히 기억하고 호평을 해주는데, 정작 발표한 비즈니스 주제에 대한 핵심 메시지는 다시 묻는 것이었다. 임직원의 피드백도 이와 유사했다. 비즈니스 콘텐츠를 부각하는 데 더 노력하라는 반응이 돌아왔다. 리서처로서 내가 생각한 프레젠테이션 모델에 대해 성찰할 수 있는 기회였다. 유머도 분명 프레젠테이션의 주목도를 높이는 데 효과적이지만, 흥미 요소가 지나칠 때는 핵심 전달내용이 방해를 받게 된다는 것을 알게 된 소중한 경험이었다. 프레젠터가 주인공이 되다 보니 핵심인 콘텐츠가 소외된 것이다.

⑤ 광고처럼 **트렌드를 반영하라**

광고는 그 시대 트렌드를 가장 먼저 반영한다. 금융위기나 코로나 19 팬데믹 등 소비자에게 영향을 미치는 사회 현상에 대해 반응한다. 광고가 사회, 문화, 역사 연구의 소재가 되는 것도 이 때문이다. 트렌드는 비즈니스에 미치는 영향이 크다. 트렌드에 부합한 메시지를 전달하는 기업의 광고는 성공하지만, 이를 반영하지 못하면 실패한다. 비즈니스 프레젠터가 이 같은 트렌드를 꾸준히 주시해야 하는 이유이다. 사회적인 맥락을 놓치지 않아야 하기 때문이다. 트렌드를 반영할 때 감성을 자극하면 더 효과를 발휘한다. 트렌드와 동질감을 느껴 광고의 주목도나 구입 의향, 브랜드 이미지에 긍정적인 영향을 주기 때문이다. 광고 효과를 측정하는 방법 중에 '얼굴 표정의 변화'에 주목하는 기법이 있다. 광고 장면별로 감정이 어떻게 변화하는지를 측정하는 페이셜 코딩(Facial Coding) 기법이다. 얼굴 표정에서 얼마나 행복한지, 놀라는지, 관심 있어 하는지 등의 감정을 측정한다. 긍정적 감성이 유발될수록 광고 효과는 더 높아지는 것이 증명되었기 때문이다. 프레젠테이션에서도 트렌드를 반영해 긍정적 감성을 유발하는 것은 프레젠테이션 효과를 높이는 지름길이다. 하지만 사회적 현상의 맥락을 잘못 적용하면 오히려 역효과를 불러일으키기도 한다. 기존의 슬로건이나 비전이 트렌드에 역행한다면 과감히 손절하라. 대중은 냉정하다.

광고

KFC가 60여 년간 사용해온 대표적인 광고 슬로건은 "It's finger lickin' good(손가락을 쪽쪽 빨 정도로 맛있다)"이다. 그런데 2020년 코로나 19가 유행하는 상황이었는데 영국의 KFC 광고에는 쇼팽의 녹턴에 맞추어 마치 피아니스트가 피아노를 치는 것처럼 KFC의 고객들이 손가락을 빠는 장면이 담겼다. 사회적인 트렌드를 무시한 것이다.

KFC, Piano, 2020 광고의 자료 삽화

많은 시민들이 영국 광고표준위원회에 항의 전화를 걸어 코로나 시기에 비위생적이고 무책임한 광고라며 당장 중단할 것을 요구했다. 이후 KFC는 코로나 유행 기간에 이 슬로건을 당분간 사용하지 않겠다고 밝혔고, 슬로건의 해당 내용을 가린 채 광고를 게재했다.

⑥ 광고처럼 **행동하게 하라**

　광고는 제품 구매로 이어지지 못하거나 제품에 대한 인지도를 높이는 성과를 거두지 못한다면 실패로 평가된다. 프레젠테이션도 공감을 통해 행동을 유발하지 못한다면 실패다. '리서처가 되기 위한 준비'라는 주제로 학생들에게 프레젠테이션 한다고 생각해보자. 단계별 준비과정에 대해 학생들이 공감하고 실천 계획을 마련한다면 프레젠테이션은 성공한 것이다. 하지만 학생들에게 아무런 반응이 일어나지 않는다면 프레젠테이션은 시간 낭비에 그친 것이다. 행동을 유발하기 위한 핵심은 '공감'을 얼마나 끌어내느냐에 달려있다. 프레젠테이션은 일방통행이 아니다. 프레젠터와 청중이 주제에 대해 함께 교류하는 과정이다. 나는 프레젠테이션을 할 때 청중들이 몇 자라도 메모하는지를 눈여겨본다. 특히 비즈니스 프레젠테이션에서 청중들이 기록하는 경향을 보일 때는 메시지로부터 통찰력이나 아이디어를 얻은 경우이다. 광고의 성공 여부를 제품 매출 변화나 인지도나 이미지 상승으로 평가한다면, 나는 비즈니스 프레젠테이션의 성공 여부를 '청중의 메모'로 평가한다. 청중들이 펜을 들게 하라. 공감의 표시이자 행동의 신호다.

광고

마케팅에서 친환경적 공감을 통해 성공한 기업을 예로 들 때 미국의 아웃도어 의류업체 파타고니아가 떠오른다. 파타고니아는 2011년 11월 블랙프라이데이 때 뉴욕타임스에 'Don't buy this jacket(이 재킷 사지 마세요)'라는 역설적인 광고를 게재했다.

파타고니아, 뉴욕타임스, 2011

파타고니아의 설명은 이렇다. "우리가 만드는 모든 것은 지구로부터 얻은 것을 사용하지만 우리는 지구에게 똑같이 되돌려 줄 수 없습니다. 파타고니아 의류의 각 부분은 유기농 원단이거나 재활용 소재일지라도 제품 질량의 몇 배에 달하는 온실가스를 배출하고, 완성품의 절반에 달하는 자투리 원단을 발생시킵니다. 또한 지구 곳곳에서 물이

점점 더 부족해지고 있는 상황에서 제품의 제작 과정에서 대량의 물을 사용합니다"[2] 그러면서 파타고니아는 필요하지 않은 것은 구매하지 말고, 망가진 제품은 고쳐서 사용하고, 필요 없는 제품은 팔거나 물려줘 재사용하라고 권고한다. 낡은 파타고니아 제품을 회수해 재활용하겠다고 강조한다.

역설적이게도 파타고니아는 이 캠페인으로 대중들에게 친환경 기업으로 각인됐다. 이 광고에 어떤 전략이나 계산이 깔려있지 않았고, 있는 그대로 보여주고 싶었다는 후일담을 파타고니아 측 관계자 인터뷰를 통해 접한 바 있다. 대중들은 파타고니아의 진정성에 공감한 것이다. 그로부터 10여 년이 지난 지금까지 파타고니아는 별다른 광고를 하지 않아도 Z세대가 좋아하는 미국 브랜드 10위권 안에 선정된다. 행동을 유발시키는 방법 가운데 '진정성'이 성공한 사례다.

Chapter 1에서는 광고와 프레젠테이션의 유사성을 통해 프레젠테이션에 광고의 맥락을 연결시켜 봤다. 광고처럼, 광고의 요소를 담아 프레젠테이션에 접근하면 비즈니스 성공에 한 발 더 다가설 수 있을 것으로 확신한다. 다음은 프레젠테이션의 교과서로 예시되는 애플 창업자 스티브 잡스의 아이팟 출시 프레젠테이션에 대한 묘사이다. 어떤 광고적 요소가 숨겨져 있는지 발견해보자.

---

2   파타고니아 코리아, 홈페이지

스티브 잡스

　2001년 10월 23일, 아이팟 출시를 알리는 신제품 발표회 무대에 스티브 잡스가 등장한다. 무대에 선 스티브 잡스는 '음악은 모든 사람들의 삶의 일부'라며 음악에 대한 애정을 표현하면서 프레젠테이션을 시작한다. 그리고 휴대용 음악 플레이어로 화제를 돌린다. 이어 기존의 CD 플레이어와 MP3 플레이어의 불편과 한계를 조목조목 데이터로 보여준다. 스티브 잡스는 '아이팟'이라는 이름을 꺼내며 휴대가 간편하고 CD 음질이며, 음악 도서관을 옮겨놓은 듯이 곡을 저장한다고 강조한다. 스티브 잡스는 잠시 말을 멈춘다. 시선이 집중된다. 스티브 잡스는 말을 이어간다. "바로 그런 제품이 지금 제 호주머니 안에 들어 있습니다" 스티브 잡스는 청바지 앞주머니에서 아이팟을 꺼내 보여준다. "천 곡의 노래를 당신 호주머니에… 아이팟입니다" 휴대용 디지털 음악 플레이어인 1세대 아이팟이 공개되는 순간이다. '천 곡의 노래를 당신 호주머니에' 이 한 문장은 더 이상 설명이 필요 없을 만큼 제품을 명확히 설명한다. 아이팟의 용량과 편의성을 압축한 표현이다.

　이때 프레젠테이션 배경 슬라이드는 핵심 정보를 축약해 때로는 그림 한 컷, 때로는 문장 하나로 최대한 단순화시켜 가독성을 높였다. 스티브 잡스의 이 프레젠테이션은 전문용어를 남발하기 쉬운 전자 기기를 소개하지만 메시지는 쉽고 간결하게 선정하고, 청중이 공감하는 스토리라인으로 구성하며, 결정적인 '감탄 포인트'를 시연해 강한 인상을 남긴다. 프레젠테이션이지만 한 편의 긴 광고를 본 듯하다.

 알맹이

Chapter 01 프레젠테이션은 '한 편의 광고'다

1. 광고처럼 타깃층에 집중하라

   청중의 성향과 관심사를 반드시 사전에 파악해야 한다. 청중에 따라 프레젠테이션 내용과 구성이 달라져야 하기 때문이다.

2. 광고처럼 차별화 포인트로 관심을 끌어라

   청중의 관심을 지속적으로 유지할 수 있도록 차별화된 포인트를 구현하라. 핵심 메시지를 전달하기 위해 내용과 형식에서 차별화해라. 프레젠터가 경험한 사례는 청중의 체감도를 높인다.

3. 광고처럼 메시지는 명확하고 간결하게 하라

   프레젠테이션의 목적에 맞춰서 메시지가 명확히 전달돼야 한다. 청중에게 '프레젠터가 전달하는 메시지가 뭐지?'라는 의문을 남기면 실패다. 단 한 문장, 단 한 컷의 사진, 단 하나의 수치만으로도 청중을 몰입시킬 수 있다.

4. 광고처럼 주인공은 모델이 아니라 콘텐츠다

   프레젠테이션에서 목적과 수단을 혼동해서는 안된다. 프레젠터의 화려한 언변과 유머로 반응이 좋았다고 하더라도 핵심 콘텐츠에 대해 청중의 이해와 기억이 부족하다면 프레젠테이션은 실패다. 콘텐츠를 부각시키는 노력이 부족했다는 의미다.

5. 광고처럼 트렌드를 반영하라

   트렌드에 부합한 메시지는 성공하지만 사회적 현상의 맥락을 잘못 적용하면 오히려 역효과를 불러일으킨다. 비즈니스 프레젠터는 사회적 맥락을 놓치지 않도록 트렌드를 꾸준히 학습해야 한다.

6. 광고처럼 행동하게 하라

프레젠테이션은 공감을 통해 행동을 유발해야 한다. 비즈니스 프레젠테이션
성공의 열쇠는 '청중의 메모'이다. 청중이 펜을 들게 하라.

CHAPTER

02 프레젠터는 '최전방 스트라이커'다

프레젠터는 어떤 마음으로 프레젠테이션을 준비해야 할까? 축구에서 최전방 스트라이커가 됐다고 생각하자. 축구 경기에서 최전방 스트라이커는 골문 앞까지 온 공을 마지막 순간에 골로 연결해야 하는 막중한 책임을 갖고 있다. 회사에서 일반적으로 경험하는 비즈니스 프레젠테이션은 공동으로 작업한 결과물을 프레젠터가 대표로 전달하는 경우가 대부분이다. 프레젠터로 선정되는 것은 영광스러운 일이지만 동시에 막중한 부담이 뒤따를 수밖에 없다. 헛발질은 그대로 모두의 노력을 물거품으로 만들 수 있다. 그래서 스트라이커는 골문 앞에서 주춤거려서는 안 된다. 잠시 주춤거리는 사이 수비수의 벽에 막히고 기회는 사라진다. 프레젠터도 주저하거나 위축되어서는 안 된다. 스트라이커는 성공하면 모두의 환호를 받지만, 결정적 순간에 실패하면 이에 따른 비난과 야유도 받는다. 프레젠터 역시 프레젠테이션에 실패하면 부서나 회사에 어려움을 끼치게 된다. 하지만 아무리 훌륭한 스트라이커라도 모든 슛이 골로 연결되지는 않는다. 공이 골대를 맞고 나가는 안타까운 순간도 있고, 거미손 같은 골키퍼에 막혀 그림 같은 슛이 무산되기도 한다. 하지만 '끝날 때까지 끝난 게 아니다'라는 말이 있다. 스트라이커가 골대를 맞고 흘러나온 공을 다시 슛으로 연결하는 것처럼, 프레젠터도 프레젠테이션의 마지막 순간까지 긴장을 늦춰서는 안 된다. 메시지 전달이 다소 부족했다 하더라도 마지막 Q&A로 반전시킬 수도 있기 때문이다.

프레젠테이션이 사회생활에서 지속해서 해결해야 할 과제라면 축구 경기의 최종 스트라이커의 마음으로 상황을 두려워하지 말고 즐기는 방법을 터득하자. 미국 펜실베이나 대학교 와튼 스쿨의 조직심리학 교수인 애덤 그랜트는 "숨은 잠재력을 끌어내는 최고의 방법은 지루한 일상을 견뎌내기보다 일상적인 반복을 일상적인 즐거움의 원천으로 전환하는 방법이다."[3]라고 말한다. 프레젠테이션을 준비하고 단련하는 과정은 힘들고 지루할 수 있다. 이때 역발상이 필요하다. 참고 견뎌야 하는 과정이 아니라 생각을 나누고 설득하는 즐거운 소통의 과정이라고 생각을 바꾸면 몸과 마음이 한결 가벼워지지 않을까?

① 자신감으로 무장하라

프레젠테이션에서 가장 중요한 항목은 자신감이다. 프레젠터는 3가지 부분에서 자신감이 필요하다. 첫째, 프레젠터 스스로 자신감을 가져야 하고 둘째, 콘텐츠 즉 전달하려는 핵심 메시지에 대한 자신감이 있어야 하며, 마지막으로 청중에 대해 자신감이 있어야 한다. 이 세 가지가

---

3   히든 포텐셜, 애덤 그랜트, 한국경제신문사, 2024

조화를 이룰 때 성공하는 프레젠테이션에 가까워진다.

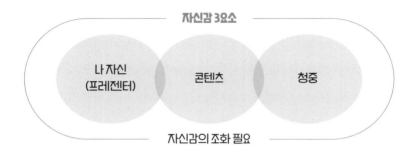

먼저 나 자신에 대한 자신감이 있어야 다음 단계로 넘어갈 수 있다. 그래서 마인드 컨트롤이 먼저다. 나는 프레젠테이션을 할 때마다 다소 교만해진다. 말과 행동이 교만해지는 게 아니고 마음을 교만하게 먹는다는 의미다. '발표하는 주제에 대해 최고 전문가는 바로 '나'라는 다짐을 되새긴다. 그렇게 하면 청중에 위축되지 않는다. 청중의 움직임과 눈빛이 눈에 들어온다. 상호작용이 가능해진다. 이게 스스로에 대한 자신감의 효과다.

인도의 사상가이자 정치가인 마하트마 간디는 '믿음이 생각이 되고, 생각이 말과 행동으로 이어져, 습관과 가치를 형성해 운명이 된다'는 말을 남겼다. 믿음이 생각과 행동을 변화시키는 밑바탕이 된다는 의미다. 이렇게 마인드 컨트롤을 통해 마음을 다잡았으면 실질적으로 자신감을 북돋우는 묘수를 행동으로 실천해야 한다. 묘수는 다름 아닌 '준비와 연습'이다. '준비와 연습'이 철저할수록 자연스럽게 자신감이 샘솟는다. 그리고 그 과정에서 자신도 모르게 실력이 늘어간다. 이미 여러분들은 학창 시절의 경험으로 이를 잘 알고 있다. 학창 시절 시험공부 했던 기억을 되살려봐라. 공부를 충분히 할수록 시험에 대한 두려움이 사라지고, 문제의 핵심이 눈에 잘 들어오지 않던가. 프레젠테이션 과정에서 발생할 수 있는 가능한 모든 시나리오에 대해 준비해라. 프레젠테이션 내용을 숙지하고, Q&A에서 나올만한 질문을 예상하고, 리허설까지 마쳤다면 마음이 한결 편안해지는 것을 느낄 것이다. 그런 다음 마지막으로 '준비한 만큼만 하자'는 마음가짐으로 불안감을 떨쳐버려라. 마치 수험생이 시험장에서 시험문제를 풀 때 모르는 문제에 도전하려 하지 말고, 아는 문제를 틀리지 않는 데 집중하는 것이 현명한 것과 마찬가지다.

두 번째로 콘텐츠에 대한 자신감이 뒤따라야 한다. 내가 전달하고자 하는 데이터가 명확하고, 이에 대한 예측이나 분석 메시지가 일관성이 있을 때 청중을 설득할 수 있는 자신감이 생긴다. 영업사원이 상품을 팔 때 일단 상품의 기능과 가격에서 경쟁력이 있을 때 영업에 성공할 가능성은 한층 높아진다. 프레젠터가 콘텐츠에 자신감이 없으면 청중도 그 분위기를 금방 알아챈다. 프레젠터가 메시지에 확신이 없는 상태에서 청중을 설득할 수는 없다.

마지막으로 청중에 대한 자신감이 필요하다. 이를 위해서는 바로 청중의 성향 및 관심사는 물론 청중이 프레젠테이션을 통해 얻고자 하는 욕구를 명확히 인식해야 한다. 프레젠테이션 성공의 전제조건은 바로 청중을 제대로 아는 것에서 시작하는 것이다.

프레젠테이션이 미치는 영향이 큰 대형 비즈니스 프로젝트일수록 프레젠테이션 준비과정에서 수정이나 제언, 압박이 많아지는 경향이 있다. 부서나 회사 차원에서도 관심이 커지기 때문이다. 프레젠터는 여러 의견과 제언을 참고해 프레젠테이션을 할 최종판을 만들어야 한다. 그리고 이를 잘 구현할 수 있는 최선의 방법을 시도해야 한다. 이 과정은 그 누구도 대신할 수 없는 프레젠터의 몫임을 잊지 마라. 회사에도 결재라인이 있지 않는가. 결재하는 순간 책임은 결재자가 지는 것이다. 프레젠테이션에선 프레젠터가 스스로 결재자, 즉 최종 스트라이커라고 생각해야 한다.

 경험파일

프레젠터가 주니어 급일 때는 비즈니스 발표 자료를 확정하는 과정에서 흔들리기 쉽다. 한창 업무를 배우던 주니어 때였다. 제빵 업체의 보고 프레젠테이션을 준비한 때의 경험이다. 발표가 얼마 남지 않은 상황에서 보고서의 흐름과 구성을 바꾸라는 상사의 지시가 내려졌다. 경험이 많은 상사인 만큼 믿고 원하는 대로 수정 작업을 했다. 그런데 문제가 발생했다. 나 스스로 수정된 보고서의 전체적인 맥락이 자연스럽지 않다고 느낀 것이다. 준비된 자료는 내 것 같지 않았다. 보고서 맥락에 대한 확신이 부족했지만, 프레젠테이션은 진행됐다. 단순히 '내용만 전달하면 되겠지' 하는 안이한 생각이었다. 콘텐츠에 대한 자신감이 떨어지다 보니 어조와 표현, 몸짓은 수동적이 됐고, 청중의 공감을 이끌어내기 위해 노력하기보다는 자료의 나열에 그쳤다. 보고서에서 내가 수긍하지 못했던 부분은 똑같이 청중의 궁금증이 됐다. 우려한 대로 Q&A 시간에는 대답이 막혔다. 프레젠테이션은 실패였다. 프레젠터의 자신 없는 답변으로 조사 자료의 신빙성까지 의심받았다.

프레젠테이션이 끝난 뒤 후회가 밀려왔다. 시간이 부족했다는 것은 변명이 될 수밖에 없다. 비즈니스 세계는 결과로 평가받기 때문이다. 반성이 뒤따랐다. 내가 확신이 들 때까지 보고, 수치의 맥락을 일관성 있게 다듬고, 스토리라인을 상사와 충분히 교감했어야 했다. 콘텐츠에 대한 확신이 부족하면 맥락을 이해할 때까지 분석 자료를 다듬고 또 다듬어라. 입만 빌려주는 진정성 없는 프레젠테이션은 당연히 청중들의 공감을 얻기 어렵고 비즈니스의 실패로 이어지기 쉽다.

② 제품을 경험하라... 진정성의 척도다

경험파일

패스트푸드 업체의 브랜드 조사 결과를 프레젠테이션 한 경험이다. 프레젠테이션을 성공적으로 수행했다. 해당 패스트푸드 업체 대표와 임원진은 감사의 표시로 프레젠터인 나를 점심 식사 자리에 초대했다. 그 자리에서 마케팅 담당 임원이 최근에 발매된 신제품을 먹어보았는지 물었고 나는 그 제품을 아직 먹어보지 못했다고 대답했다. 해당 임원이 농담으로 "다음 조사는 안 되겠네요, 저희 신제품도 안 먹어보고…"라고 농담을 던졌다. 농담이라지만 민망했던 기억이다.

경험파일

내가 주니어일 때 당시 상사와 함께 글로벌 패션 회사를 대상으로 한 프레젠테이션에 참여한 적이 있었다. 그때 나도 상사도 해당 의류 브랜드에 대한 의식이 별로 없었다. 리서치에 대한 업무적 접근에만 몰두한 것이다. 그런데 프레젠테이션 Q&A 시간에 그 패션 회사 임원이 "경쟁사 브랜드를 입으셨네요. 저희 브랜드보다 더 좋아하시나요?"라고 뼈 있는 농담을 던졌다. 당황스러웠다. 그 뒤부터는 의류 관련 회사의 비즈니스 프레젠테이션을 할 때는 해당 의류 브랜드를 입는 것에 더 주의를 기울인다.

마케팅 조사 영역 중에 최근에 더 활발하게 활용하는 것이 사용자 경험, UX(User Experience)다. 사용자가 제품이나 서비스, 시스템을 사용하면서 개선점을 찾는 방식이다. 앱이나 웹 서비스 디자인을 예로 들면 '이 카테고리의 위치는 어디가 좋겠다', '로그인 기능은 어느 쪽에서 클릭하면 좋겠다' 등 고객의 경험을 토대로 디자인을 기획하거나 초안을 수정하는 것이다. 발달하는 기술만큼 사용하는 고객의 편의성과 경험이 중요해졌다는 의미다.

비즈니스 현장에서 브랜드의 성공 전략을 모색하는 프레젠테이션을 하면서 해당 제품을 이용하지 않거나, 경험하지 않았다는 것은 프로젝트에 대한 애정과 관심이 부족하다는 인상을 줄 수 있다. 프레젠테이션하는 제품이나 브랜드가 내가 지급할 수 있는 비용의 범위 안에 있다면 주저하지 말고 먹고, 쓰고, 느끼고, 경험하라. 자동차나 전자제품처럼 고가의 제품이라 실제 경험이 어렵다면 간접 경험이라도 하려고 노력해야 한다. 매장을 찾는 노력이 그 하나가 될 것이다. 특히 패션 회사의 경우 프레젠터는 해당 기업 브랜드 옷을 입는 게 좋다. 여의치 않다면 최소한 경쟁사 브랜드를 입는 상황은 피해야 한다. 이 같은 행위는 비즈니스 프레젠테이션에서 프레젠터가 갖춰야 할 기본적인 덕목이다.

최근 패션 회사 경쟁 프레젠테이션에 참여한 경험이다. 평소에도 그 회사 제품을 입어 왔기에 경쟁 프레젠테이션을 할 때 해당 브랜드의 옷을 입었고 프레젠테이션 중간에도 '소비자의 한 사람으로서 해당 브랜드를 얼마나 좋아하고 자주 구매하는지'를 언급했다. 해당 브랜드를 입었다는 것이 비즈니스 수주의 결정적인 영향을 주진 않더라도 호감을 주는 행위임은 분명하다. 한 걸음 더 나아가 보자. 나는 프레젠테이션 할 때 그 회사 로고와 브랜드의 대표 색깔을 신경 쓰는 편이다. 물론 대부분 청중은 그것을 의식하지 못한다. 다만 내가 프레젠테이션을 준비하는 마음가짐의 일환이다. 한번은 고객사 담당자가 "지난번에는 파란색 제품 디자인에 맞춰 파란색 옷을 입으시더니, 오늘은 제품 디자인이 초록색이니 초록색 옷으로 입으셨네요."라고 말해주었다. 누군가는 그런 부분까지 보기도 한다. 특히 여성이 화장품 회사 비즈니스 프레젠테이션을 할 때는 화장에도 어느 정도 공을 들일 필요가 있다. 맨얼굴이나 생기 없는 얼굴로 화장품에 관해 얘기를 하면 프레젠테이션과 무관하게 관심이 부족하다는 인상을 줄 수 있다. 소비자의 한 사람으로서 내가 직접 경험한 내용이 더해질 때 프레젠테이션은 더 생생하고 힘을 가질 수 있다.

③ 보고 또 보자... 다른 페르소나로 변신하라

다른 사람이 하는 프레젠테이션은 나에게는 교재다. 다른 프레젠터의 발표를 많이 보고, 느껴라. 자신이 프레젠테이션에 나설 때보다 객관적 시점으로 프레젠테이션을 평가할 수 있기 때문이다. '첫 시작은 어떤 말로 시작하는지'에서부터 '어떤 부분에서 청중의 호응을 얻었는지', '어떤 구성으로 스토리라인을 전개하는지', '몸짓과 표정을 어떻게 활용하는지' 등 하나하나에 대해 유심히 살펴봐라. 좋은 평가를 받는 프레젠테이션은 프레젠테이션의 모델이 되고, 결과가 좋지 않은 프레젠테이션에선 개선해야 할 단점을 찾아낼 수 있다.

　대중 앞에 서면 떨려서 프레젠테이션에 겁을 먹는 사람도 있다. 하지만 직장 생활을 하다 보면 프레젠테이션 기회가 반드시 찾아온다. 이럴 때 극복하는 방법 가운데 하나를 소개한다. '나'를 '프레젠테이션 고수'로 변신시켜 봐라. 프레젠테이션을 보면서 따라 하고 싶었던 프레젠터를 떠올려보자. 그리고 마치 배우가 돼 가상의 인물을 연기하듯이 그 프레젠터의 흉내를 내는 것이다. 모방하는 과정에서 의외로 프레젠테이션 기술이 익혀지는 신비한 체험을 할 수 있을 것이다. 평소 닮고 싶은 프레젠테이션 고수의 페르소나를 염두에 두고 오늘은 내가 '그 사람'이라고 생각하며 연습해봐도 좋다.

　나는 유튜브를 통해 프레젠테이션 고수들의 강연을 즐겨본다. 그 과정에서 나의 부족함을 느끼고 배운다. '어쩜 저렇게 맛깔나게 표현을 할까?' 감탄하면서 '내가 어떻게 저런 포인트들을 내 것으로 만들 수 있을까?'를 생각해본다. 프레젠테이션을 준비할 때마다, 스티브 잡스처럼 일목요연하고 당당하게, 아무개처럼 재미나면서도 통찰력 있게, 아무개처럼 차분하면서도 조리 있게 '아하' 하는 순간을 청중에게 줄 수 있기를 소망하며 연습한다. 고수들의 모습을 모방해서 체화하는 과정에서 또 다른 프레젠테이션 고수가 탄생하는 것이다. 특히 다른 페르소나를 체화하는 과정에서 의도치 않게 자신감이 생기면서 자기 스타일이 만들어지는 경험을 하게 될 것이다. 모방이 완성되면 차별적인 나만의 스타일을 구축하기가 의외로 쉽다는 것을 느낄 것이다. 모방하는 과정에서 그만큼 프레젠테이션 기술이 습득되기 때문이다.

④ '성공의 기억'을 빨리 만들자

나는 기회가 있을 때마다 '1등을 꼭 한번은 해봐라'라는 조언을 자주 한다. 1등을 해본 사람은 지금 1등이 아니더라도 노력한다면 1등을 할 수 있다는 자신감이 있다. 그런데 한 번도 1등을 해보지 않으면 1등은 이룰 수 없는 소망이 된다. '내가 할 수 있겠어?'라며 패배 의식에 사로잡힐 수 있다. 프레젠테이션도 마찬가지다. 성공해서 칭찬과 박수를 받았던 기억이 쌓일수록 프레젠테이션에 자신감이 붙는다. 실패하더라도 성공의 기억을 발판으로 다시 도전할 수 있는 뒷심과 열정이 생긴다. 먼저 성공의 기억을 빠른 시일 내 만들도록 노력하라. 그리고 실패하면 성공의 기억으로 빠르게 대체해라.

프레젠테이션을 시작할 때 "시간이 짧아 충분히 준비하지 못했습니다"라거나 "실수하더라도 양해해 주십시오" 등의 말을 하는 프레젠터들이 있다. 하지 마라. 청중들의 기대감이 저하되는 행동일 뿐 아니라 주목도를 떨어뜨리게 된다. 프레젠테이션 고수도 10번 프레젠테이션을 하면 1~2번은 실패하거나 부정적 반응을 경험하게 된다. 하지만 실패에 매몰되지 않는다. 바로 성공의 기억이 새로운 도전의 디딤돌이 되기 때문이다.

성공의 기억을 만들기 위해서는 직장 초년생 때 적극적으로 프레젠테이션 기회를 만들어라. 기회가 많아야 성공 확률도 높아지지 않겠는가? 그런데 후배들에게 보고서나 제안서의 프레젠테이션 기회를 제안하면 '왜 굳이 내가?'라는 반응을 보이는 경우가 종종 있다. 그럴 땐 불가피한 경우가 아니면 억지로 프레젠테이션을 시키지는 않는다. 열정 없이 이뤄지는 프레젠테이션은 성공 가능성이 작기 때문이다. 상사가 프레젠테이션 기회를 주는 것은 후배 능력에 대한 인정이다. 그 기회를 날려버리지 마라. 특히 직장 초년생 시절에는 설사 실패하더라도 상사들이 상대적으로 관대하다. 기회를 찾고, 연습하고 연습해서 프레젠테이션 근육을 키워라. 직장 생활, 사회생활 내내 무너지지 않는 든든한 근육이 될 것이다.

⑤ AI 프레젠테이션과 차별화하라

AI는 방대한 데이터를 학습해 일목요연하게 정리하는 능력이 인간보다 탁월하다. AI의 음성서비스는 남성, 여성 등 성별뿐 아니라 부드러운 목소리, 상냥한 목소리 등 어투까지 흉내 낼 수 있다. 방송업계엔 이미 뉴스를 전하는 AI 아나운서가 등장하고 있다. 그렇다면 프레젠테이션도 AI가 대체할 수 있을까? 일정 부분은 그럴 수 있다. 하지만 인간은 프레젠테이션 분야에서 AI가 넘볼 수 없는 우월성을 갖고 있다. 바로 청중과의 '상호작용'과 '공감'이다. 청중과 교감하지 않고 원고에만 집중하는 프레젠터, 청중이 지루해하더라도 무시하는 프레젠터는 AI에 자리를 양보하는 상황이 올 수 있다. 프레젠테이션 할 때 인간의 장점을 유감없이 발휘해라. 청중들의 반응을 보며 나의 프레젠테이션이 제대로 전달되고 있는지를 점검해라. 청중이 고개를 갸웃거리면 의문을 풀어줘라. AI가 아닌 인간 프레젠터가 현장에서 우월성을 확보하는 방법이다. 청중과의 교감과 상호작용은 AI와의 경쟁에서 살아남는 인간 프레젠터의 능력이고 무기다.

취업을 준비하는 대학생들에게 프레젠테이션 관련 강의를 할 기회가 종종 있다. 3시간 강의라도 10분쯤 지나면 오늘 강의의 성패를 가늠할 수 있다. 몇 가지 질문만 던져보면 바로 청중의 욕구 강도를 느낄 수 있다. 이럴 경우 프레젠터는 청중의 상황에 맞춰 강의 내용이나 순서, 시간을 조정할 줄 알아야 한다. 미리 프로그래밍이 된 AI가 아니기 때문이다.

● ● ●
인간과 AI 프레젠테이션의 차이점

항목	인간 프레젠테이션	AI 프레젠테이션
창의성과 직관성	• 청중의 반응과 감정에 기반해 내용 조절	• 창의적인 콘텐츠를 생성할 수 있지만 직관과 감정 이해 없음
감정적 연결	• 몸짓, 목소리 톤, 공감 능력을 통해 청중과 연결	• 감정이 없어 감정적 연결 어려움
적응성	• 청중의 피드백이나, 질문, 분위기에 기반해 내용 조절	• 미리 프로그래밍되거나 데이터를 기반으로 훈련. 예측할 수 없는 상황에서 유연성 제한
문맥 이해	• 복잡한 문맥적 단서, 문화적 미묘함이나 암시를 이해	• 특정 미묘함을 오해하거나 파악하지 못할 수 있음
학습과 개선	• 경험과 피드백, 지속적인 학습을 통해 개선	• 데이터를 활용해 개선될 수 있지만, 인간과 같은 경험적인 학습 능력은 없음
언어 장벽	• 프레젠터에 따라 언어 장벽 작용	• AI 기반 언어 번역 기능으로 전 세계 청중과 효과적으로 소통 가능
자료의 가독성	• 방대한 자료에 기반한 시각화 자료 생성 한계	• 이미지 인식이나 그래픽 디자인, 레이아웃 최적화를 통해 시각화된 자료 생성
윤리적 고려사항	• 내재적으로 윤리성이나 문화적 감수성, 도덕적 판단을 갖춤	• 민감한 주제에 대해 편향되거나 왜곡될 수 있음

알맹이

Chapter 02 프레젠터는 '최전방 스트라이커'다

1. 자신감으로 무장하라

    자신감으로 무장하기 위해서는 나에 대해 자신감을 가져야 하고, 콘텐츠에
    대해 자신감이 있어야 하며, 마지막으로 청중에 대해 자신감을 가져야 한다.
    내가 발표하는 주제에 대해 '내가 최고 전문가'라는 다짐을 되새기고 '철저한
    준비와 연습'을 통해 나에 대한 자신감을 키워라. 콘텐츠와 청중에 대한 자신
    감의 밑바탕이 된다.

2. 제품을 경험하라... 진정성의 척도다

    프레젠테이션 하는 제품이나 브랜드가 내가 지급할 수 있는 비용의 범위 안에
    있다면 주저하지 말고 먹고, 쓰고, 느끼고, 경험하라. 직접 경험한 내용이 더
    해질 때 프레젠테이션이 더 생생하고 힘을 가질 수 있다.

3. 보고 또 보자... 다른 페르소나로 변신하라

    다른 프레젠터의 프레젠테이션은 나에게는 교재다. 마치 배우가 돼 가상의 인
    물을 연기하는 것처럼 프레젠테이션 고수를 흉내 내라. 다른 페르소나를 체화
    하는 과정에서 의도치 않게 자기 스타일이 만들어지는 경험을 할 것이다.

4. '성공의 기억'을 빨리 만들자

    1등은 꼭 한번은 해봐라. 성공의 기억은 자신감을 주고 실패하더라도 다시 도
    전할 수 있는 뒷심과 열정을 선사한다. 직장 초년생 때 프레젠테이션 기회를
    찾고 연습해서 프레젠테이션 근육을 키워라.

5. AI 프레젠테이션과 차별화하라

인간은 프레젠테이션 분야에서 AI가 넘볼 수 없는 우월성을 갖고 있다. 바로 청중과의 '상호작용'과 '공감'이다. 프레젠터는 상황에 맞춰 강의 내용이나 순서, 시간을 조정할 줄 알아야 한다.

CHAPTER

03

청중에 대한 이해는 '절반의 성공'이다

1 CEO와 실무진은 관점이 다르다

비즈니스 프레젠테이션에서는 듣는 대상의 직급이나 직책을 고려해야 한다. 나도 처음 프레젠테이션을 시작할 때는 실무진에게 하는 프레젠테이션이나, CEO나 임원진을 대상으로 하는 프레젠테이션의 내용이 같았다. 데이터를 분석, 정리해 전달하는 것이 모범답안이라 생각했기 때문이다. 하지만 이럴 때 프레젠테이션의 힘이 떨어지는 한계가 있다. 왜 그럴까? 청중이 필요로 하는 요소가 다르기 때문이다. 청중이 이 프레젠테이션을 통해 '무엇을 얻고 싶은가'를 생각해 봐라. 실무자나 동료를 대상으로 프레젠테이션을 한다고 가정해보자. 실무진은 기획이나 전략을 세워 상사에게 보고해야 한다. 최종 결정자가 아니다. 그러기 위해서 구체적인 데이터나 정보가 많이 필요하다. 프레젠테이션을 통해 전략이나 대안을 마련할 수 있는 다양한 자료를 얻기를 원하기 때문이다. 반면 기업의 CEO나 임원진은 결정과 판단을 해야 하는 사람들이다. 대부분은 참을성이 없다. 성품이 그렇다기보다는 시간이 부족한 사람들이다. 이들은 프레젠테이션 내내 결론을 찾으려고 노력한다. 그래서 최종 결정권자를 대상으로 하는 프레젠테이션은 메시지가 간결하고 분명해야 한다. '그래서 결론이 뭔데?' 즉 'So What?'에 집중해야 한다. 데이터와 자료를 기반으로 어떻게 행동해야 하는지가 중요한 사람들이다. 따라서 이들을 대상으로 프레젠테이션을 할 때는 정보 전달에 그쳐서는 안 된다. 나열식 정보로는 공감을 얻어낼 수 없다. 바로 방향성 즉 결정을 도와줄 수 있는 단서라도 제공해야 한다. 특히 CEO는 투자 대비 효율성에 집중한다. 또 실패하지 않을 확률에 투자하기를 원한다. 그래서 CEO를 대상으로 프레젠테이션을 할 때는 결정에 도움이 될 수 있는 제언을 생각하고 있어야 당황하지 않을 수 있다. 이처럼 청중에 대한 성향을 사전에 파악해야 프레젠테이션을 어떻게 할지에 대한 전략 수립이 가능하다. 이전에 동일한 청중을 대상으로 프레젠테이션 경험을 한 동료나 상사가 있다면 청중의 성향이나 분위기 파악에 도움이 된다. 업계 고위 인사가 참여할 땐 인터넷이나 SNS를 통해 인물 자료를 수집하는 것도 유용한 접근 방식이다.

② 오너와 전문경영인은 추구하는 방향이 다르다

기업의 경우 오너와 CEO가 동일인인 경우도 있지만, 전문경영인 체제로 운영되어 오너와 CEO가 다른 경우도 적지 않다. 이때 대상자에 따라 관심의 방향이 다를 수 있다. 오너는 일반적으로 기업의 영속성을 중요시한다. 장기적 관점에서 기업의 생존 전략을 구상하기 때문에 현재의 수익성 못지않게 미래 먹거리에 촉각을 곤두세운다. 반면 전문경영인 CEO는 자신의 임기 내 성과를 보여야 재신임을 받을 수 있다. 따라서 단기적 성과에 상대적으로 더 관심을 갖는다. 투자 대비 수익이 단기적으로 보장되는지를 점검한다. 또한 주가에도 민감하다. 주주총회도 신경 쓰이는 부분이기 때문이다. 비즈니스 제안을 할 경우 유념해야 할 부분이다. 비즈니스 프레젠테이션 대상자가 누구냐에 따라 비즈니스 프레젠테이션의 전략도 변화가 있어야 하는 이유다.

 경험파일

식품회사의 브랜드 지표 조사 결과를 보고하는 자리였다. 기업의 젊은 30대 오너가 참석했다. 브랜드 지표는 2년째 향상되고 있었다. 해당 브랜드는 활발한 마케팅 활동과 입소문의 영향으로 글로벌 시장에서 성장세를 이어가는 분위기였다. 30대 젊은 오너는 안도감을 표시하면서도 다소 뜬금없는 질문을 던졌다. 해당 식품 브랜드나 식품 업종에 대한 궁금증이 아닌 미래 신산업에 대한 제언을 요청했다. 당시 조사했던 영역이 당연히 아니었을뿐더러 나의 지식 영역을 벗어나는 부분이었다. 실질적인 최고 의사결정자이기 때문에 당황할 수밖에 없었다. 물론 요청에 맞는 응답을 할 수 없었다. 나는 조사의 영역이 아님을 정중히 알리고 양해를 부탁했다. 이처럼 오너는 현재가 아닌 미래에 대한 궁금증을 항상 안고 살아간다는 것을 이해할 수 있는 경험이었다. 후일담이지만 해당 기업이 바이오 산업에 대규모 투자를 한다는 기사를 언론을 통해 접했다.

③ 신규 임원과 기존 임원은 같은 임원이 아니다

신규 임원인지, 계속 그 자리를 유지하는 기존 임원인지에 따라 프레 젠테이션에서 중요하게 보는 지표와 내용이 달라질 수 있다. 승진한 새 로운 임원이나, 기존 임원의 성과가 좋지 않아 교체된 임원은 이전 임원 의 '성과'보다는 '실패'에 더 집중해서 보려는 경향이 높다. 그래서 이전 정책의 문제가 무엇인지, 어떻게 개선할 것인지가 주요 관심사가 된다. 기존 임원은 이와는 반대로 자신의 성과가 드러나는 것을 원한다. 본인 이 집행한 일들이 어떤 성과로 나타났는지를 기대하게 된다. 그래서 성 과에 집중하는 경향을 보인다. 그래서 기존 임원의 경우는 성과를 먼저 얘기하고, 성과를 지속해서 유지하기 위해 문제 요인을 점검하는 방향 으로 구성하는 것이 효과적이다. 똑같은 말이라도 '아' 다르고 '어' 다르 듯이 어떻게 구성하고 편집하느냐에 따라 전체적인 프레젠테이션 분위 기가 달라질 수 있음을 고려해야 한다.

경험파일

온라인 플랫폼 회사와 마케팅 조사를 했을 때이다. 당시 그 회사 는 주요 브랜드 지표에서 지난해 대비 하락하고 경쟁력이 약화됐다. 프 레젠테이션 전에 어떻게 내용을 전달할지에 대해 고민이 많았다. 주 요 브랜드 지표가 하락할 때는 상승했을 때보다 고객사에서 훨씬 민감 한 반응과 반감을 보이기 때문이다. 해당 회사 내부적인 분위기를 파 악해봤다. 아니나 다를까 성과가 좋지 않아 회사 대표가 교체된 상황이었다. 그 회사 실무진은 조사 결과가 좋지 않은 원인을 명확하게 분석해달라는 요청을 했다. 새 대표가 그 분석을 토대로 전략을 수정하고자 한다는 것이다. 같은 프레젠테이션이라 할 수 있지만, 청중의 분위기를 파악하면 프레젠테이션 흐름을 잡는 데 도움이 된다.

 경험파일

신규 임용된 마케팅 임원에게 했던 프레젠테이션 경험이다. 마케팅 조사 결과 올해 진행된 조사에서 일부 지표의 상승이 있었고, 이것은 광고의 성과가 이바지했다고 보고했으나, 해당 임원은 "경쟁사 대비 낮은 점유율인데, 지금까지 마케팅에 쏟아부은 돈으로 겨우 이 정도 상승밖에 이뤄내지 못했느냐"라는 다소 불만 섞인 반응을 보였다. 프레젠터 또한 당혹스러운 분위기였다. 데이터에 관점이 들어가면 같은 지표나 변수들도 다르게 보일 수 있다. 신규 임원들은 이전 성과가 좋지 않을수록 자신이 역량을 보여줄 수 있는 기회라는 생각에 긍정적인 재료보다는 부정적인 결과, 성취보다는 실패에 더 집중하는 경향을 보인다. 이런 성향을 알고 접근한다면 프레젠테이션 때 덜 당황할 수 있다.

④ 세대별 차이를 고려하라

기원전 1,700년경 고대 수메르의 점토판에는 "도대체 왜 그렇게 버릇이 없느냐'라며 부모가 자식을 책망하는 내용이 들어있다고 한다. 동서양의 옛 문헌을 찾아보면 "우리 때는 안 그랬다. 요즘 애들 참 문제다.”라는 화두는 역사를 통해 반복된다. 동서양이 다르지 않았고 옛날과 오늘날, 시대에 따라서도 별반 차이가 없다. 최근에도 젊은 층인 MZ세대와 중장년층이 된 X세대, 베이비부머 세대 간의 갈등이 사회 현상으로 자주 언급된다. ‘요즘 것들’과 ‘꼰대’라는 용어로 서로를 향한 날선 비판도 한다.

프레젠테이션에서도 세대별 차이를 반영하는 노력이 필요하다. 청중이 어떤 세대인지, MZ세대 위주의 참석인지, X세대를 대상으로 하는지, 다양한 세대가 참석하는지 등에 따라 사용하는 어휘나 몸짓도 달라질 수 있다. MZ세대가 주 청중이라면 이들이 잘 사용하는 신조어나 줄임말을 활용해 공감대를 높일 수 있다. 어휘 선택만으로도 프레젠터와 청중 간 거리가 한층 더 가까워지는 효과가 있다. 예시도 세대별 차이를 고려해 해당 세대에 익숙한 상품이나 관심사, 경험을 중심으로 찾는 노력이 필요하다.

특히 중장년층 이상은 공동체 의식이 젊은 층에 비해 상대적으로 강하다. 성장과정과 직장 생활에서 ‘우리’라는 의식이 무의식중에 많이 강조돼왔던 세대이기 때문이다. 경제 성장을 위해 어려움을 함께 헤쳐왔다는 동지애가 상대적으로 젊은 층에 비해 두텁기 때문이다. 이에 비해 젊은 세대는 개인의 자유와 개성, 수평적 공정성 등에 가치를 부여하는 경향을 보인다. 이러한 성향을 고려한 어휘 선택과 전략은 프레젠테이션을 긍정적으로 풀어가는 지혜다.

또 중장년층일수록 쌍방형 소통에 다소 부담을 느끼는 경우가 있다. 예를 들어 질문을 통해 프레젠테이션을 부드럽게 이끌어가는 행위를 할 때 세대별로 다른 접근이 필요할 수 있다. 젊은 세대는 상대적으로 토론 문화에 익숙하다. 프레젠테이션에서 문답 형식의 소통방식에 적극적으로 참여하는 경향을 보인다. 이런 세대별 차이를 인정하고 적절히 활용하면 프레젠테이션의 목적지로 가는 길이 더욱 평탄해진다.

 경험파일

중견기업의 비즈니스 프레젠테이션에서 전략적 제언을 하면서 '경쟁이 치열한 현 상황에서 우리 ○○브랜드가 살아남기 위해서는...'으로 마무리 발언을 했다. 해당 업체의 대표는 사소하다고 느낄 수 있는 '우리'라는 단어가 유난히 기억에 남았나 보다. 프레젠테이션이 끝나고 진심으로 고민하고 제언하는 것이 느껴진다며 감사를 표했다. 말 한마디가 그 세대의 감성을 건드린 것이다. 프레젠터는 객관적이면서도 주관적인 열정을 보여줘야 한다. 주관적인 관심과 열정이 '우리'라는 단어로 공감대를 형성한 것이다. 그러나 MZ세대들은 대체로 '우리', '함께' 같은 관계에 얽매이는 단어를 불편해하는 경향이 있다. 이러한 세대별 특성을 이해하고 용어 하나 선택에서부터 신중해야 프레젠테이션 고수의 길로 접어드는 것이다.

5 주제에 대한 친숙도를 파악하라

청중들이 비즈니스 프레젠테이션 발표 내용에 필요한 기본 지식을 얼마나 잘 알고 있는지를 파악해야 한다. 나는 프레젠테이션 전에 참석자들이 해당 주제에 대해 전문가 집단인지, 관찰자 시점인지를 미리 조사한다. 그 이유는 눈높이 프레젠테이션을 하기 위해서다. 전문 용어를 쓸지 말지에 관한 판단도 내릴 수 있다. 청중들이 내가 발표하는 내용에 대해 기본 지식이 있다면, 나는 워밍업 과정 없이 바로 본론으로 들어간다. 그러나 청중이, 발표하는 내용에 대해 일반적인 상식 수준으로 접근한다면 흥미와 관심을 가질 수 있도록 좀 더 쉽게 내용을 구성해야 한다. 전문 용어도 풀어줘야 한다.

프레젠터가 종종 범하기 쉬운 오류가 있다. 청중들이 프레젠터의 말을 쉽게 이해하고 있을 거라고 믿는 것이다. 프레젠터는 발표를 위해 준비하는 과정을 거치고 그 안에서 스스로 이해력을 높인다. 그러나 청중은 그 이야기를 오늘 처음 듣고 있을 수 있다는 점을 기억해야 한다. 그래서 청중의 눈높이에 맞춘 표현과 언어를 구사하는 것이 중요하다. 예를 들어 브랜드에서 'TOM(Top of Mind)'은 '최초 상기도'를 의미한다. '사람들이 특정 상품의 목록을 생각할 때 가장 먼저 떠오르는 브랜드'를 의미하는 말이다. 최초 상기도가 높다는 것은 소비자 머릿속에서 1순위로 연상할 정도로 가장 좋아하는 브랜드일 가능성이 커 '최선호도'와도 상관관계가 높다. 이런 개념들이 이미 익숙하고 통계 기법을 많이 활용해 본 청중이라면 전문 용어를 사용해서 불필요한 부연 설명 시간을 줄일 수 있다. 주제의 친숙도에 따라 프레젠테이션에 대한 난이도를 조절해야 한다. 프레젠테이션은 상호작용이기 때문이다.

⑥ 이해 상충 청중과의 소통 방안은?

비즈니스 프레젠테이션에서 특히 주의해야 할 사항이 청중의 이해 관계가 서로 충돌할 때이다. 조사 결과에 대해 입장과 견해가 다른 부서들이 함께 참석한다면 프레젠터는 말 한마디 한마디에 신중을 기해야 한다. 예기치 않게 부서 간 갈등을 불러일으키거나, 논쟁으로 번져 프레젠테이션이 본류를 벗어나는 상황이 빚어질 수 있기 때문이다. 예를 들어 마케팅을 담당하는 부서와 상품 제작 부서, 투자를 집행하는 재무 부서 등이 프레젠테이션 현장에 함께 있고, 시장조사 결과가 부정적이라고 가정해보자. 일반적으로 이런 경우 해당 부서들은 부정적인 조사 결과가 자기 부서의 책임으로 귀결돼 불이익을 당하지 않을까 전전긍긍한다. 또 조사 결과에 대해 인정하지 못하고 공격적인 질문으로 이의를 제기할 기회를 찾는 경우도 종종 벌어진다. 프레젠터는 이를 고려해야 한다. 이런 경우 맥락을 충분히 부연 설명해 주면서 메시지를 전달하는 것이 유연하게 프레젠테이션을 이끄는 비결이다.

경험파일

음료 회사 광고주와 광고대행사가 함께 참여한 프레젠테이션 자리였다. 대기업은 광고를 매체에 내보내기 전에 광고 사전 조사를 통해 광고의 시장 내 성공 가능성을 미리 파악하려 한다. 삼성, LG, P&G와 같은 글로벌 회사에서는 이미 보편화된 조사다. 광고 시안을 만든 광고대행사는 광고 사전 조사 결과, 소비자가 광고 메시지를 이해하지 못하거나 구매 의향이 높아지지 않는다는 결과가 나오면 반감이 생긴다. 노력에 대한 평가를 받지 못했기 때문이다. 광고주는 조사 결과를 토대로 광고 시안을 수정하는 기회로 활용한다. 광고주와 광고대행사가 같이 모여 광고를 평가하는 자리이니 서로가 예민해질 수밖에 없다. 이 자리에서는 모델 선호도에 대한 평가가 쟁점이었다. 당시 모델은 광고대행사가 아니라 광고주가 여러 차례 해당 모델 섭외를 주장해 어렵게 촬영한 경우였다. 그런데 사전 조사 결과 그 모델 선호도가 기대보다 낮게 나온 것이다. 광고주는 조사 결과를 토대로 모델을 교체해야 하는지를 심각히 고민했고, 광고대행사 입장에서는 광고주 요청으로 어렵게 모델을 섭외해 광고를 찍은 상황이라 난감해했다.

광고주는 조사를 담당했던 프레젠터의 판단과 통찰력을 원했고, 나는 이렇게 대답했다. "전반적인 결과치로는 모델 선호도가 높지 않은데 모델은 어느 모델을 써도 호불호가 나눠지게 됩니다. 다만 좋아한다는 응답이 싫어한다는 응답보다 더 높은 모델을 쓰시는 게 좋은데, 현재 싫어하는 응답보다는 좋아한다는 응답이 소폭 높습니다. 현재 전반적인 선호도는 낮아 보이지만 연령별로도 차이가 있습니다. 20대 초반에서는 선호도가 낮지만 20대 중반부터는 선호도가 올라가는 것을 볼 수 있습니다. 그래서 광고의 타깃층이 20대 초반인지, 20대 중반 이후인지에 따라 내부적인 의사결정이 필요합니다." 광고주와 광고대행사 모두 만족스럽지는 않았을지 모르지만 프레젠터로서는 광고주에게 판단의 근거를 제시하면서 광고대행사에도 맥락을 충분히 부연 설명해 반감을 사지 않은 결론이었다고 자평한다. 프레젠터가 항상 중립적일 필요는 없다. 다만 어느 한쪽으로 결론을 전개하려면 명확하고 합리적인 근거가 압도적으로 충분해야 한다. 단정적인 예단은 금물이다.

이해관계가 상충할 때 리서치 결과에 반론을 제기하거나 신뢰성에 딴지를 거는 경우가 종종 발생한다. 다양한 제품 브랜드가 존재하는 대기업의 사례다. 프레젠테이션 현장에는 각 제품 브랜드의 마케팅 임원들이 참석해 있었다. 조사 결과가 CEO에게 전달되는 것이어서 임원들 간에 예민한 신경전이 있는 상황이었다. 일단 조사 결과 제품 브랜드 가운데 영향력이 높은 브랜드들만 유지하고, 영향력이 낮은 브랜드들은 오히려 모(母) 회사 이미지를 강조하는 것이 효과적이라는 데이터가 나왔다. 문제는 거기서 시작됐다. 제품 브랜드의 영향력이 낮다고 평가된 브랜드 담당 임원들은 자신이 담당하는 브랜드 가치를 평가절하한 조사 결과에 이의를 제기하기 시작했다. 조사 결과를 받아들일 수 없다면서 언성을 높였다. 조사에 대한 신뢰성에 의문을 제기하기 시작했다. 팽팽한 긴장감마저 감돌았다. 결국 프레젠터에게 불똥이 튀었다. "마케팅 조사를 수행한 사람으로서 조사의 한계는 없었나?"라는 식으로 조사의 문제점을 찾으려는 시도가 이어졌다. 나는 "어떤 조사든 조사의 한계가 있을 수 있으나 신뢰성에는 문제가 없으며, 동일한 분석 방법은 여러 글로벌 기업에서도 이미 활용하고 있는 검증된 방법입니다."라고 응대했다. 그러자 한 임원이 말꼬리를 잡았다. "어떤 조사든 한계가 있다면 이번 조사 결과도 한계가 있을 수 있으니 받아들일 수 없다"라며 발끈한 것이다. 곤혹스러운 순간이었다. '조사의 신뢰성'에 대한 논쟁이 이어지자 프레젠터인 나도 자연스럽게 목소리가 높아지면서 평정심을 잃었던 기억이 있다. 프레젠터는 냉철함을 잃어선 안 된다. 감정 섞인 논쟁은 앙금을 남긴다. 이해관계가 엇갈린 상황에서는 프레젠터가 깊숙이 개입해서는 안 된다. 이해 상충 상황에서 프레젠터의 의견을 말할 때는 조사 결과를 토대로 감정을 섞지 않고 대처하도록 노력해라. 하지만 지금도 이런 상황은 참 어렵다.

 알맹이

Chapter 03 청중에 대한 이해는 '절반의 성공'이다

1. CEO와 실무진은 관점이 다르다

   실무진은 기획이나 전략을 세워 보고해야 한다. 그래서 구체적인 데이터나 정보가 많은 것을 원한다. CEO나 임원은 결정과 판단을 해야 한다. 그래서 결론이 중요하다. 결정에 도움이 될 수 있는 제언을 준비하라.

2. 오너와 전문경영인은 추구하는 방향이 다르다

   기업 오너는 기업의 영속성을 중요시한다. 장기적 관점에서 기업의 생존 전략을 구상하기 때문에 현재의 수익성 못지않게 미래 먹거리에 촉각을 곤두세운다. 반면 전문경영인, CEO는 단기적 성과에 상대적으로 더 관심을 갖는다. 비즈니스 제안 시 유념해야 할 부분이다.

3. 신규 임원과 기존 임원은 같은 임원이 아니다

   신규 임원은 이전 정책의 '성과'보다는 '실패'와 '개선'에 집중하는 경향이 있다. 기존 임원은 본인이 집행한 일들이 어떤 성과로 나타났는지에 관심이 크다.

4. 세대별 차이를 고려하라

   프레젠터는 세대별로 관심사와 성향이 다르다는 점을 인식해야 한다. 세대별 차이를 고려해 프레젠테이션에 사용하는 어휘나 몸짓도 달라질 수 있다. 콘텐츠를 부연하는 예시도 해당 세대에 익숙한 상품이나 관심사, 경험을 중심으로 찾는 노력이 필요하다.

5. 주제에 대한 친숙도를 파악하라

   프레젠터는 청중들이 해당 주제에 대해 전문가 집단인지 관찰자 시점인지를 미리 조사해야 한다. 청중의 눈높이에 맞춘 표현과 언어를 구사하는 것이 중요하다.

6. 이해 상충 청중과의 소통방안은?

청중의 이해관계가 상충될 때는 맥락을 충분히 부연 설명할 필요가 있다. 어느 한쪽으로 결론을 전개하려면 명확하고 합리적인 근거가 압도적으로 충분해야 한다.

CHAPTER

04   비즈니스 프레젠테이션 비법 9가지

1 'Mission'을 모르면 'Mission Impossible'

프레젠테이션 콘텐츠 구성에서 가장 중요한 것은 발표의 목적을 명확히 하는 것이다. 내가 보고서나 제안서 작업을 할 때 제일 먼저 확인하는 것이 조사의 목적이다. 'Mission'은 제안서든 보고서든 왜 이것을 해야 하는지에 대한 물음이다. 이 프로젝트를 통해 달성하고 싶은 목표를 말한다. 예를 들어 프로젝트의 목적이 고객층을 세분화해 타깃층을 선별하는 것이라고 하자. 그러면 고객을 어떻게 세분화할지, 그리고 그 세분화된 타깃층을 어떻게 선별할지에 대한 방법들이 나와야 한다. 그래서 제안서가 목적지에 가는 방법을 알려주는 지도라면 보고서는 그 목적지에 도달해서 내려다보는 경치를 보여줘야 한다. 목적지가 바로 'Mission'이다. 목적지가 명확하지 않으면 길을 잃듯이, 프레젠테이션도 그 목적이 불분명하면 헤매게 된다.

제안서든 보고서든 연구, 조사한 모든 내용을 프레젠테이션에 담을 수는 없다. 선택과 집중이 필요하다. 그때 기준이 'Mission'이다. 비즈니스 제안서는 짧은 것은 A4용지 30페이지 정도 분량이고 많게는 100페

59

이지가 넘는다. 보고서도 100페이지가 넘는 경우가 많다. 보통 비즈니스 프레젠테이션에 주어지는 시간은 30분이다. 그 시간 안에 100페이지의 내용을 모두 설명할 수는 없다. 그래서 프레젠테이션 할 때는 'Mission'으로 정의된 조사 목적에 맞춰서 발표 장표[4]를 우선 조정해야 한다. 그 목적에 맞는 장표들을 편집한 뒤 그 장표들에서 중요 장표 위주로 다시 선별하는 작업을 거친다. 앞과 뒤의 맥락이 다소 다르거나 중복되는 내용은 편집해야 한다. 이러한 작업이 효율적으로 이뤄지기 위해 프레젠터는 'Mission'을 요약하는 훈련을 해야 한다.

나는 프레젠테이션을 할 때마다 프레젠테이션의 목적을 5줄로, 그다음은 2~3줄로, 그다음은 한 줄로 요약해본다. 그러면 전체적인 프레젠테이션의 맥락을 놓치지 않는다. 그렇게 비즈니스 목표가 정의돼야 전체 발표의 이야기 구성이 일관성 있게 진행된다. 'Mission'이 명확하지 않으면 프레젠테이션은 'Mission Impossible'이다. 다시 강조하지만 내용이 목표에서 멀어진다면 과감히 삭제해라. 나무도 곁가지가 너무 많으면 나무의 성장을 위해 가지치기를 해주지 않는가. 그런데 이 과정이 생각보다 쉽지 않다. 열심히 준비하고 분석한 자료와 데이터를 최종 발표 자료에서 빼는 작업은 프레젠터로서도 아쉬움이 남는다. 이를 극복해야 한다.

글로벌 리더를 양성하는 프로그램에 참여한 경험이다. 프로그램 가운데 '프레젠테이션' 강좌가 있었는데 '엘리베이터 스피치(Elevator Speech)'를 시도하는 실습이 있었다. '엘리베이터 스피치'란 고객을 붙잡고 장황하게 이야기를 늘어놓는 것이 아니라 엘리베이터에서 고객을 만

---

4 파워포인트 프로그램의 슬라이드를 이르는 말

난 상황을 가정해 30초 동안 핵심을 전달하는 프레젠테이션 훈련 방법이다. 그 짧은 순간에도 충분히 설득할 수 있어야 비즈니스 성공을 보장할 수 있다는 취지에서 고안된 훈련이다. 전체 30분 분량의 프레젠테이션이라도 핵심은 한두 줄로 요약할 수 있어야 한다. 광고를 봐라. 광고는 30초나 15초 안에 문제를 제시하고 해결책까지 소개하기도 한다.

● **프레젠테이션 목적에 맞춰서 내용을 구성하고 구조화시켜 전달**

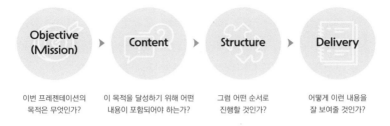

Objective (Mission)	Content	Structure	Delivery
이번 프레젠테이션의 목적은 무엇인가?	이 목적을 달성하기 위해 어떤 내용이 포함되어야 하는가?	그럼 어떤 순서로 진행할 것인가?	어떻게 이런 내용을 잘 보여줄 것인가?

 경험파일

제품 패키지 디자인 관련한 마케팅 조사 경험이다. 현재 패키지 디자인에 대한 고객 반응을 파악하고 앞으로 패키지 디자인 기획 때 보편적이고 일관성 있는 특성을 수립하고자 하는 것이 조사 목적이다. 유행에 민감한 소비자 그룹과 함께 디자인과 트렌드 전문가를 심층 인터뷰했다. 그때 보고서 작성 과정에서 논란이 있었다. 전문가마다 생각이 달랐고, 소비자의 생각도 가지각색이었다. 이렇다 보니 일관성 있고 보편적인 원칙을 제시하기가 어려웠다. 조사를 담당한 실무진들은 다양한 시각을 있는 그대로 고객사에 전해주자는 의견이었다. 1차 프레젠테이션은 고객사 실무진들을 대상으로 조사를 담당한 리서처가 수행했다. 조사에서 나타난 다양한 시각을 전해주는 방식으로 진행됐다.

현장 분위기는 예측대로였다. '그래서 어쩌라고'라는 반응이었다.

2차 프레젠테이션이 다가왔다. 이번엔 의사 결정권자인 핵심 임원진이 모인 자리에서 이뤄지는 프레젠테이션이었다. 고객사의 요청으로 조사를 총괄한 임원인 내가 프레젠테이션을 맡게 됐다. 고민이었다. 1차와 같은 설명방식으로는 프레젠테이션 성과를 장담할 수 없었다. 나는 먼저 키워드를 중심으로 패키지 디자인을 관통하는 10개의 보편적인 원칙을 선정했다. 이것에 부연 설명을 하는 방식으로 보고서의 틀을 다시 잡고 프레젠테이션에 나섰다. 기본 원칙에서 예외적인 것이 발생할 수는 있다. 하지만 조사의 목적이 다양한 정보의 확인이 아니라 '일관적이고 보편적인 원칙 수립'이라면 여기에 맞춰서 자료를 구성해야 한다고 판단했다. 임원진 반응은 긍정적이었다. 사실 담겨 있는 내용은 1차 프레젠테이션과 이번 프레젠테이션이 크게 다르지 않았다. 다만 조사 목적에 맞게 재구성한 것뿐이다. 옷을 정리할 때도 셔츠는 셔츠대로, 점퍼는 점퍼대로, 바지는 바지대로 정리하면 골라 입기가 편하다. 우리가 전달하는 자료도 목적에 맞게 정리되어야 청중이 쉽게 이해하고 수용한다.

② 감정을 자극하라... 공감이 배가된다

감정이 이입되면 공감이 배가된다. 비즈니스 프레젠테이션의 경우 청중의 감정을 자극할 수 있는 다양한 시도가 요구된다. 비즈니스 주제와 관련해 도전이나 성과를 거둔 기업의 사례는 청중을 끌어들이는 요소가 된다. 특히 해당 기업이 비즈니스 수행과정에서 겪는 고충이나 욕구를 프레젠터가 강조하고 공감하면 청중은 프레젠테이션뿐 아니라 프레젠터와 감정적으로 연결된다. 감정을 공유하면 프레젠터와 청중이 분리되지 않고 같은 출발선에서 프레젠테이션을 흡수할 수 있게 되는 것이다. 프레젠테이션 장표 구성도 감각에 호소하는 이미지로 시각화하면 몰입도가 높아진다. 특히 메시지를 효과적으로 전달하기 위해 음악이나 시각 자료를 활용할 수 있다면 적극적으로 적용하라. 음악이나 영상은 스토리의 감정을 강화시켜주는 효과적인 매개체이다. 감정은 스토리에 공명을 더한다. 유머, 공감, 흥분 등 무엇이든 메시지에 부합하고 청중과 소통할 수 있는 감정을 프레젠테이션 스토리에 불어넣어라.

 광고

코로나19, 대구 의료진 가족과 함께하는 응원가 '오르막길' 중

한 걸음 이제 한 걸음일 뿐 / 아득한 저 끝은 보지마 / 평온했던 길처럼 / 계속 나를 바라봐 줘 / 그러면 견디겠어 / 사랑해 이 길 함께 가는 그대 / 굳이 고된 나를 택한 그대여 / 가끔 바람이 불 때만 저 먼 풍경을 바라봐 / 올라온 만큼 아름다운 우리 길

QR코드를 스캔해,
광고를 시청해 보세요.

코로나19 관련 자료 이미지

코로나 19 팬데믹 초기에 대구지역은 코로나가 심하게 확산돼 도시가 봉쇄된 적이 있다. 의료진은 무거운 방호복을 입고 격리돼 몇 주간 병원에서 나오지 못하는 상황이 발생했다. 이때 현대자동차에서 '코로나19, 대구 의료진 가족과 함께하는 응원가, 오르막길'이라는 응원 영상을 유튜브 채널에 올려 기업 광고에 활용했다. 가수 정인뿐 아니라 의료진의 아버지, 동생, 누나, 딸, 아들, 조카 등 가족들이 오르막길을 함께 부르는 형식이었다. 힘들고 고된 길이지만 함께하면 견딜 수 있다는 메시지를 담고 있다. 이 '오르막길' 광고는 대중들의 심금을 울렸다. 나 또한 유튜브를 보면서 가슴이 먹먹해진 광고였다. 기업이 사회적 어려움을 함께하는 모습을 보여준 것이다. 현대자동차의 브랜드 이미지에도 긍정적 효과를 발휘한 것은 두말할 필요가 없다. 프레젠테이션도 마찬가지다. 객관적인 사실의 나열만이 아닌 사회적 트렌드에 근거한 감성 자극, 특히 부정적인 것이 아니라 긍정적 감성 자극은 효과적이다.

③ 체감할 수 있는 예시를 개발하라

프레젠터가 청중들과 공감하기 위해서는 주변에서 접할 수 있고 느낄 수 있는 사례를 개발하는 것이 필요하다. 드라마든, 영화든 우리가 공감하는 것은 그런 일이 있을 법한 일이라고 느껴지고, 주변에서 볼 것 같은 인물이나 스토리이기 때문이다. 프레젠테이션이 딱딱한 숫자와 객관적 사실을 전달하더라도 그 숫자를 살아있게 느끼고 공감하게 하기 위해서는 피부로 와닿을 수 있는 예시가 절실하다. 적절한 예시는 프레젠테이션의 핵심 내용을 쉽게 이해하게 만들고 기억하게 도와준다. 생활 속에서 쉽게 접하는 내용으로 예시를 준비하고 개발하라. 프레젠테이션이 풍성해지고 청중들은 반응할 것이다. 아이디어를 위해 다양한 예시를 제시한다.

나는 아랍에미리트연합(UAE) 두바이에서 3년간 거주한 경험이 있다. 수도인 아부다비와 경제도시인 두바이를 비교하면 도시의 느낌에서 미묘한 차이가 있다. 두 도시 모두 석유자본을 바탕으로 개발 붐이 일어나고 있었지만, 아부다비는 아랍 전통을 중시하면서 개발을 이어나가고, 두바이는 서구식 개발모델을 추구한다. 나는 벤츠와 BMW의 브랜드 이미지를 떠올렸다. 아부다비는 중후한 벤츠라면 두바이는 세련된 BMW 같다는 생각이 들었다. 두바이를 찾는 지인들에게 두 도시를 설명할 때 나는 이 표현을 사용했다. 그러면 차량 이미지를 떠올리며 도시의 분위기를 쉽게 가늠했다. 평소 생활에서 함께 공감할 수 있는 예시의 소재를 개발하는 연습을 해라. 프레젠테이션의 설득력을 높일 수 있는 효과적인 기술이 몸에 습득된다.

대기업의 광고 사전 조사 경쟁 입찰 사례다. 30여 개국에서 TV 광고를 방송하기 전에 광고 사전 조사를 진행할 업체를 선정하는 입찰이었다. 이미 경쟁업체가 10여 년간 조사를 맡아왔던 상황이었다. 사전에 누가 참석하는지를 알아봤다. 제품 각각의 마케팅 담당자들과 임원들이 참석하는 자리였지만 광고조사 영역에 대해서는 전문성이 많지 않은 상태였다. 경쟁 프레젠테이션인 만큼 나는 경쟁사 대비 우리 회사가 가진 글로벌 분석 방법의 강점을 강조할 방안을 고민했다. 당시 우리 회사와 경쟁사의 조사 방법을 먼저 소개할 테니 독자들도 잠시 생각해보기를 바란다. 경쟁사의 방법은 광고를 보여주기 전에 제품의 구매 의향을 묻고 광고를 보여 준 뒤 제품의 구매 의향을 다시 물어 이전 대비 상승 폭으로 광고 효과를 측정하는 방식이었다. 지금은 달라졌지만 당시 우리 회사가 가진 분석 방법은 광고를 보여준 그룹(실험그룹: Test group)과 광고를 보여주지 않은 그룹(통제그룹: Control group) 간의 구매 의향의 차이로 효과를 측정하는 방식이었다. 차별점을 어떻게 설명할 수 있을까? 이때 필요한 것이 체감도를 높일 수 있는 예시다.

다음은 내가 선택한 방식이다. 성형외과 시술 전과 후가 극명하게 비교되는 사진을 인터넷에서 출력해 현장에 가져갔다. 나는 성형외과 수술 전후의 사진을 보여주며 "성형수술 전보다 후가 당연히 선호도가 높아집니다. 그럼 광고를 보여주기 전과 비교해 광고 보여준 후 선호도가 높아지는 것은 당연합니다. 마치 성형수술 전보다 후가 선호도가 낮아지면 그것은 성형수술 자체가 잘못된 것일 테니 그럴 가능성은 적습니다. 광고조사도 PRE-POST로 하게 되면 당연히 구매 의향은 상승할 것입니다. 우리 회사는 다릅니다. 좀 더 정확한 측정을 위해 한 그룹에는 성형하지 않은 사진을 보여주고 호감도를 측정하고, 다른 그룹은 성형한 사진을 보여주고 호감도를 측정해 두 그룹 간의 호감도 차이로 효과를 검증합니다. 단 두 그룹의 인적 구성이 달라 평가가 달라지지 않도록 영향을 미치는 변수들은 통제하지요. 예를 들어, 성, 나이, 브랜드 보유율 등 광고 평가에 영향을 주는 변수는 두 그룹 간 동일하게 유지합니다."라고 설명했다. 이러한 예시적 접근 방식으로 조사 방식의 차이를 쉽게 이해시킬 수 있었다. 이 사례는 어떤 조사 방법이 효율적인가에 대한 문제 제기가 아니다. 예시를 통해 효과적인 설명을 하는 방법을 제시한 것이다. 후일담이지만 참석자 60명의 투표로 업체 선정이 이뤄졌는데 압도적으로 우리 회사가 앞섰다고 한다. 체감하는 예시는 공감을 이끄는 핵심 요소이다.

경험파일

'브랜드를 좋아하는데 구매하지 못하는 이유'를 어떻게 설명할까? 나는 누구나 관심 있는 '남녀 간의 사랑'을 사례로 많이 활용한다. 즉 남녀 간의 사랑에서도 내가 상대방에게 기대하는 기능적 요소가 있다. 돈이나 외모, 학력, 집안 등이 해당한다. 또 감성적 요소인 '사랑의 강도'가 있다. 브랜드에서도 마찬가지다. "사랑하는데 왜 결혼을 못 할까요? '미국과 한국에 떨어져 살아서, 즉 롱디(Long distance)라서', '시어머니가 반대해서' 등등 좋아하지만 결혼하지 못하는 이유는 다양하게 존재합니다. 브랜드를 좋아해서 구입하고 싶지만 사지 못하게 하는 시장 내 영향 요인이 있습니다."라고 설명하면, 청중은 브랜드에 대한 애정이 구매로 이어지지 못하는 상황을 쉽게 체감한다. 브랜드에 대한 소비자의 충성 강도는 부부관계로 설명한다. 브랜드의 기능적, 감성적 관계가 다 좋은 것은 국민 사랑꾼 최수종-하희라 부부와 같다.

이런 부부관계가 오래가듯이 브랜드도 소비자들에게 기능적 요소뿐만 아니라 정서적 요소까지 충족해야 오랫동안 사랑받을 수 있다. 브랜드의 기능적 특성에는 만족하지만, 감성적인 부분에서 불만족할 수도 있다. 마치 최근 늘고 있는 졸혼 부부를 예로 들 수 있다. 지금도 이혼하지 않고 살고 있지만, 다른 기능적 요소를 대체할 수 있다면 이탈할 수도 있다. 위와 같이 브랜드 충성도 요인을 청중들이 공감하는 사회상으로 풀어내면 마케팅 핵심 요소를 설명하는 데 흥미와 관심도가 높아진다.

프레젠테이션 대상이 마케팅 조사의 전문적인 개념에 대해 인식이 낮은 경우엔 생활 속에서 익숙한 상품을 예로 들면 효과적이다. 브랜드를 조사할 때 아직도 많이 사용하는 방법이 브랜드의 '현재력'과 '잠재력' 측정이다. 20여 년 동안 브랜드 조사를 하면서 느낀 바로, 이는 시장 내 브랜드의 현재 위상과 향후 예측을 가장 잘 보여주는 지표라 생각한다. 브랜드의 '현재력'은 브랜드가 '인지', '친숙', '선호', '고려 의향', '충성도' 단계를 거치면서 성장한다는 것이고, '잠재력'은 브랜드가 '뜨거나' '지고 있다'는 소비자의 느낌으로 측정한다. 그래프의 한쪽 축은 '현재력'으로 다른 축은 '잠재력'으로 해서 자사와 경쟁사 브랜드가 어디에 있는지를 분석한다. 브랜드 '현재력'과 '잠재력'이 둘 다 높다면 현재 시장 내 1위 브랜드로, 브랜드 위상이 우수한 영역에 있는 것이고, '현재력'과 '잠재력'이 둘 다 낮다면 아직은 성장이 이뤄지지 않은 브랜드라는 의미이다. 소비자들 사이에서 뜨고 있다는 '잠재력'이 상승하면 그다음에 '현재력'이 높아지게 된다. 이렇게만 설명하는 경우 청중이 체감하는 데는 한계가 있다. 이럴 때도 예시는 효과적이다. '현재력'과 '잠재력' 중에서 요즘과 같이 소비자들의 입소문이나 추천이 중요해지는 상황에서는 '잠재력'이 더 중요하다는 부분을 강조할 때 쓰는 방법이다.

경험파일

　　제약회사 프레젠테이션 경험이다. 현재 1위 브랜드인데 잠재력이 높지 않았다. 나는 "현재 1위 브랜드인데 잠재력을 상실하면 어떻게 될까요?"라는 질문으로 프레젠테이션의 흥미를 유발하고자 했다. 청중들의 시선이 모였다. 곧 크라운베이커리의 사례를 들었다. 실제 20여 년 전에 크리스마스 케이크는 단연 크라운베이커리가 대표 브랜드였다. 이 브랜드는 우리나라 최초 베이커리 체인이었다. 하지만 뚜레쥬르와 파리바게뜨 같은 신생 브랜드들이 나타났고, 이들 브랜드의 '잠재력'이 높아지면서 크라운베이커리는 1등이었음에도 시장에서 사라졌다. 또 노키아 휴대전화기의 사례도 비슷하다. 노키아가 1등 브랜드였던 적이 있었다. 삼성 갤럭시와 애플이 시장에서 뜨면서 노키아 휴대전화기는 시장에서 지고 있다는 인식이 커졌다. 즉 '잠재력'이 낮아졌고, 결국에는 시장에서 사라졌다. 이러한 사례를 들면 '잠재력'의 하락이 어떤 의미인지 실질적으로 다가오는 효과를 설명해 줄 수 있다. 해당 회사는 이후 '잠재력'을 키우기 위한 마케팅과 광고 투자를 늘리는 결정을 했고, 해당 브랜드는 현재 '잠재력'이 다시 활성화되는 수치를 보이고 있다. 이처럼 상품을 통한 예시는 청중들의 공감을 배가한다.

　　차별화 포인트를 통해 예시를 구현하는 방법도 있다. 직장 생활을 하다 보면 때로는 다른 부서와, 더 나아가 다른 회사와 경쟁 프레젠테이선에 나서야 하는 경우가 종종 있다. 이런 경우 필요한 것이 차별성이다. 상대방과 비교해 독창적이고 감성을 자극하는 히든카드가 있어야 승산이 있다. 대부분의 프레젠터들은 장표에 매몰되는 경향이 있다. 극복해야 할 부분이다. 인상적인 동영상이나 간단한 소도구를 사용하는 방법도 청중에게 강한 인상을 남기는 방법이다. 특히 글로만 하는 설명보다는 그림이나 사진을 사용했을 때 전달력이 높아지고, 동영상을 사용했을 때 보다 더 기억에 오래 남길 수 있다는 것을 경험해 본 적 있을 것이다. 예를 들어 소비자들을 대상으로 한 인터뷰나 토론 내용 일부를 동영상으로 편집해 프레젠테이션에서 전달하면 체감도가 더 높아진다.

 경험파일

대형 병원의 고객만족도 조사 결과를 병원장을 포함한 병원 고위 관계자들에게 프레젠테이션 했던 경험을 소개한다. 고객들이 가장 불만족했던 것은 바로 '의사의 불친절'과 '면담 시간 부족'이었다. 그때 파워포인트 장표로만 데이터를 보여주기에는 아쉬움이 남았다. 파워포인트 파일에 병원에 불만족했던 환자들의 인터뷰를 편집한 동영상을 담아 프레젠테이션 현장에서 보여주었다. "의사들이 3분도 면담을 해주지 않아 메모지에 적고 들어가서 후다닥 질문해야 해요. 그렇지 않으면 마음이 급해서 질문을 잊어버려요.", "의사들이 눈도 마주치지 않고…. 병 나으려다 병이 도지는 것 같아요." 등의 핵심적인 인터뷰 동영상은 몇 장의 장표와 프레젠터의 구구절절한 설명보다 경영진에게 전달하는 메시지가 컸다. 경영진들은 그 고객들의 목소리에 충격을 받았고 개선 전략을 수립하라고 지시했다.

월드컵을 후원하려고 하는 국내 대기업이 후원 효과를 측정하고
자 했다. 입찰 경쟁 프레젠테이션에는 우리 회사를 포함해 5개의 조
사 업체가 참여했다. 내가 집중한 것은 역시 차별적인 예시였다. 체험
담은 차별화를 일으키는 하나의 요소다. 나는 이전에 해당 기업이 월
드컵 후원을 하면서 해외에서 응원 장소를 제공하고 응원 도구를 나눠
준 추억을 활용했다. 당시 내가 해외에 체류했을 때인데 그 응원 현장
에 참여했던 경험을 소개해 체감도를 높일 수 있다고 판단했다. 즐거
웠던 추억이어서 당시 응원 도구를 집에 보관하고 있었다. 프레젠테이
션 현장에 갈 때 당시 응원에 쓰인 도구를 챙겨서 갔다. 나는 프레젠테
이션 도중에 그 기업이 나눠줬던 작은 태극기와 응원 도구들을 보여주
며 강조했다. "월드컵 후원은 열광의 순간을 함께하기 때문에 설령 즉
각적인 제품 구입 효과로 연결되지 못하더라도 브랜드를 사랑하고 브
랜드 위상을 높이는 데 이바지합니다."라고 강조했다. 해당 기업의 로
고가 새겨진 응원 도구를 간직한 것 자체가 바로 월드컵 후원의 효과
라고 연결 지었다. 객관적 지표와 연관된 주관적 경험은 지표의 신뢰
도를 더욱 높일 수 있다. 소도구를 활용한 것이 해당 기업 임원들의 시
선을 끌었던 것은 분명하다. 조사의 내용과 방식들이 비슷할 때 차별
적인 소도구 활용은 종종 효과를 발휘한다.

④ 고수는 쉽게 설명한다

프레젠테이션은 쉬워야 한다. 어려운 용어나 분석도 쉽게 풀어쓰고
이해시킬 수 있는 사람이 고수다. 설명이 어렵다는 것은 프레젠터가 내

용을 완전히 숙지하지 못한 경우일 수 있다고 단언한다. 예시를 활용하고 소품을 이용하는 모든 행위가 쉽게 이해할 수 있도록 하기 위한 수단이다. 학원가의 대표격인 서울 대치동의 일타 강사들에게는 공통점이 있다. 국어, 영어, 수학 등 수험생들이 어려워하는 교과 속 문제들을 알기 쉽게 풀어 머리에 쏙쏙 들어오게 가르친다. 내가 개념을 잘 알고 있지 않으면 쉽게 설명하는 것이 가능할까? 프레젠터는 발표하는 내용에 대해 물음표를 남겨선 안 된다는 점을 명심해라.

브랜드 이미지를 분석할 때 더블인덱스(Double Index)라는 방법을 활용하는 경우가 있다. 더블인덱스 분석을 하면, 시장 내 1위 브랜드라도 상대적인 약점 이미지를 파악할 수 있으며 현재 브랜드 위상이 낮은 기업이라도 향후 성장할 수 있는 강점 이미지를 파악할 수 있기에 유용하다.

브랜드 이미지 조사를 해보면, 일반적으로 브랜드 위상이 높은, 즉 시장에서 1등 브랜드가 브랜드 이미지의 대부분을 장악한다. 이것은 시장에서 브랜드 위상이 높기 때문에 사람들 머릿속에는 어떤 이미지를 연상해도 1등 브랜드가 생각나기 때문이다. 그러면 시장 내에서 이제 막 발을 내딛어 인지도가 높지 않은 브랜드들은 브랜드 이미지가 없을까? 아니다. 브랜드를 알고 있는 사람들 사이에서는 이미지가 형성 중이다. 이때 적용해 보는 방법이 더블인덱스다.

이 개념을 설명하는 두 가지 방법을 소개한다.

① 더블인덱스는 두 번의 표준화 과정을 거쳐 지표를 산출하는 분석 방법이다. 브랜드 이미지 속성별 전체 평균값을 기준으로 표준화를 하고, 브랜드별 평가된 이미지 평균값을 기준으로 표준화를 한 후, 두

결과를 종합적으로 고려해 표준화된 지표를 산출하는 것이다. 이렇게 하면 브랜드의 크기나 브랜드 이미지 속성별 응답값에 영향을 받지 않는 표준화된 값을 얻을 수 있어 브랜드의 강약점을 보다 효과적으로 확인할 수 있다.

② 세상은 1등만 기억하는 더러운 세상이다. 그래서 1등 브랜드가 모든 이미지를 싹쓸이한다. 그래서 더블인덱스라는 방법을 사용한다. 더블인덱스는 1등과 시장 내 약한 브랜드들을 일대일로 비교할 수 있게 해주는 방법이다. 즉 시장 내 비중이 큰 브랜드는 브랜드 위상을 낮추고 작은 브랜드는 키워서 동일한 브랜드 위상이라면 어떤 이미지가 강점과 약점을 갖게 하는지를 분석하는 방법이다.

①번의 경우 통계나 리서치를 이해하는 청중에게 적합하며 산출 방식이 어떠한지 구체적인 것을 파악하는 데는 도움이 되지만 일반 청중은 개념을 이해하기가 쉽지 않다. ②번의 경우 단순하지만 무엇을 파악하기 위한 방법인지, 그 결과에 중점을 두고 이해할 수 있다.

중요한 것은 더블인덱스라는 통계적 개념이 아니라 '현재 브랜드 위상에 따른 차이를 최소화할 경우, 해당 브랜드가 갖는 브랜드 이미지의 강점과 약점이 무엇이냐'라는 부분이다.

⑤ 스토리텔링 방식을 활용하라

프레젠테이션을 준비할 때 이야기 구성을 먼저 생각해야 한다. 아이들을 타깃층으로 하는 상품은 캐릭터를 활용하는 경우가 많다. 예쁘고

귀여운 캐릭터 자체는 사실 큰 힘을 발휘하지 못한다. 그 캐릭터가 어떤 스토리를 담고 있는지를 알아야 소비자들이 그 캐릭터를 사고 싶어 한다. 어떻게 보면 캐릭터의 스토리를 사는 것이다. 디즈니랜드의 미키와 미니마우스는 많은 사람들이 알고 좋아한다. 만화와 어린이 뮤지컬 등에 자주 등장했기 때문이다. 스토리를 갖고 있기에 그 캐릭터들이 살아 숨쉬게 되는 것이다. "아기 상어 뚜루루뚜루~"로 시작하는 노래 <상어가족>은 유아를 둔 부모라면 모르는 사람이 없을 것이다. 애니메이션으로 인기를 얻었고 유튜브에서 '베이비 샤크 챌린지'까지 불러일으킬 정도로 세계적으로도 알려졌다. 스토리를 가진 캐릭터이기에 '핑크퐁 아기상어 사운드 인형'은 2019년에 아마존의 토이·게임 카테고리에서 판매 1등을 하기도 했다. 프레젠테이션도 스토리로 구성되면 훨씬 이해가 쉽고 기억에도 남는다.

스토리텔링이란 각각의 사실이 별개의 것이 아니라 연결고리를 통해 일관된 구조로 자연스럽게 엮여있음을 보여주는 과정이다. 프레젠테이션은 스토리를 전하는 프레젠터의 1인극이라고 생각하라. 스토리텔링을 할 때 급진적인 전개나 지루한 상황 설명은 금물이다. 논리적 맥락 없이 얘기가 급진전될 때 청중들은 혼란에 빠지고, 장황한 설명은 주의력을 분산시킨다. 드라마를 보더라도 비약이나 급격한 전환, 이해되지 않는 장면 전개 등에 대해 시청자들은 이른바 '뜬금포'라며 의문을 가진다. 이야기의 서사에 대해 이해가 쉬워야 하고 납득이 되어야 한다. 왜 이야기가 그렇게 전개됐는지 설득의 당위가 없어지면 스토리의 힘이 사라진다. 프레젠터도 발표하는 내용을 청중이 받아들이게 하려면 발표의 앞뒤 맥락이 연결되어야 하고 그 근거가 명확해야 한다.

프레젠테이션에 대해 먼저 청중이 주목해야 하는 이유를 제시하면서 앞으로 스토리를 어떻게 전개할지 로드맵을 보여줘라. 이때 스토리라인을 구조화하는 방법이 바로 목차를 만드는 일이다. 서론, 본론, 결론또는 기승전결의 기본 골격에 발표할 내용을 구성하는 단계가 프레젠테이션 준비의 첫걸음이다.

경험상으로 프레젠테이션은 3-3-3 구조가 적합하다. 스토리텔링과관련해 프레젠테이션 내용을 구조화하기 위한 간단하고 효과적인 프레임이다. 전체 내용의 큰 구조를 3가지로 나누고 그 3가지 구조별로 핵심메시지를 정하고 다시 3개의 소단락을 나눠 설명이나 근거를 뒷받침하는 방식이다. 이 방법은 발표자가 중요한 메시지에 집중하고 청중의 참여를 유지하며 콘텐츠를 전달할 수 있도록 고안된 방법이다. 단락이 너무 많으면 청중은 전체 내용의 흐름을 놓칠 수 있다.

큰 단락이 바뀌는 곳에선 프레젠터가 앞 단락을 간략히 정리하고 새로운 단락을 소개하며 진행하는 것을 권한다. 그래야 청중들이 흐름을자연스럽게 따라온다. 산에 오를 때 정상까지 몇 km가 남았다는 표지판을 보면 현재 위치를 가늠하고 체력을 안배할 수 있는 것처럼 말이다. 청중들이 프레젠테이션에 완전히 몰입해서 듣고 있다고 생각해서는 안 된다. 흐름을 놓친 청중들도 따라오도록 중간 단계마다 점검과 정리가 필요하다.

서론, 본론, 결론의 3단 구성을 예로 들어보자. 서론에선 청중의 관심을 끌 수 있는 간단한 소개로 시작한다. 이는 주제와 연관된 개인적

일화일 수도 있고, 청중이 놀랄만한 사실, 예를 들면 깜짝 놀랄 통계 수치를 공개할 수도 있고, 생각을 자극하는 질문일 수도 있다. 이를 통해 청중이 프레젠테이션을 통해 무엇을 기대할 수 있는지를 명확하게 전달할 수 있다. 본문에선 핵심 콘텐츠를 세 가지 주요 부분으로 먼저 나눈다. 그리고 각 부분마다 핵심적으로 전달해야 할 메시지를 정한다. 청중이 자연스럽게 프레젠테이션을 따라올 수 있도록 각 부분 사이는 논리적인 연결고리를 갖고 있어야 한다. 여기서 잊지 말아야 할 것이 있다. 내가 전달하고 싶은 내용보다는 청중이 원하는 내용에 스토리텔링 구조를 맞춰야 한다는 것이다. 'What do I want them to...'보다는 'What do they want to...'에 집중해야 한다. 비즈니스 스토리텔링은 청중이 얻을 수 있는 이익을 중심으로 스토리를 구조화해야 호응이 극대화된다. 결론에선 프레젠테이션의 핵심 내용을 요약하고, 주요 메시지를 다시 한번 강화한다.

● 3-3-3 구조 속의 '3'

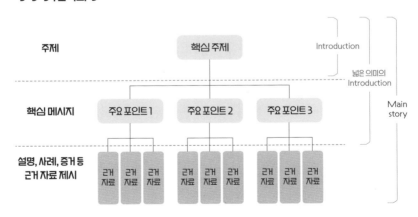

가장 안정적인 도형으로 삼각형을 꼽는 이유는 세 개의 꼭짓점이 있을 때 힘의 분배가 가장 잘 이뤄지기 때문이라고 한다. 사람들의 마음에도 삼각형 구조가 가장 편안한 느낌을 준다고 한다. 3은 뇌가 정보를 받아들이기 위해 가장 단순하면서도 안정적인 숫자다. 뛰어난 리더들은 종종 중요한 인터뷰나 기조연설을 세 가지 요점을 중심으로 풀어낸다. 스티브 잡스가 미국 스탠퍼드 대학 졸업식에서 한 명연설의 서두를 기억해보자. "Today, I want to tell you three stories from my life"(오늘 내 인생의 세 가지 이야기를 하려고 합니다). 만약 5가지, 10가지 이야기를 한다고 하면 기억하기도 집중하기도 쉽지 않았을 것이다. 3을 넘어서게 되면 전달력이 떨어지는 것을 잘 알고 있는 달인들이다. 10가지 핵심 내용을 전달하고 싶다면 이를 목록화해 3-3-3으로 유형화하면 훨씬 청중에게 전달력이 강화된다.

⑥ 나무를 보지 말고 숲을 봐라

나무를 보지 않고 숲을 보기 위해 중요한 개념이 관점이다. 일반적으로 수치를 언급하면 상식적인 수준으로 이해한다. 브랜드의 보조인지도(브랜드를 알고 있다'는 응답률)가 60%라고 가정해보자. 이 수치가 갖는 의미는 뭘까? 높은 걸까? 낮은 걸까? 의문이 생긴다. 사실 통계 수치가 익숙하지 않은 사람들에게 60%는 그리 높지 않은 수치라는 접근이 있을 수 있다. 각자 나름대로 상식적인 수준에서 추측하게 되는 것이다.

수치의 의미를 전달해야 하는 이유가 여기에 있다. 경쟁사 보조인지도 평균이 50%라고 하면 보조인지도 60%가 갖는 의미가 한 단계 더 크게 다가온다. 그리고 이미 익숙한 대표 브랜드의 수치를 덧붙이면 더 확신을 가질 수 있다. 예를 들어 어떤 브랜드의 보조인지도가 70%라고 하자. "1등 브랜드인 ○○ 제품의 보조인지도는 80%예요, 이 제품군의 평균 보조인지도는 40%입니다."라고 하면 이제 해당 브랜드의 인지 수준을 명확히 알 수 있다. 상대적 비교나 경쟁사의 수준을 함께 전달해야 데이터의 의미가 명확히 전달되는 것이다. 흔히 언론 기사에서 면적을 소개할 때 '서울 여의도 면적의 ○배', '제주도 면적의 ○배' 하는 식으로 표현한다. 수치에 체감할 수 있는 의미를 부여하는 것이다. 이처럼 데이터가 아닌 데이터에 담긴 의미에 집중해야 한다.

 **경험파일**

쇼핑몰 회사의 브랜드 조사 경험이다. 하반기 조사에서 상반기보다 해당 쇼핑몰 브랜드를 알고 있다는 인지도가 2~3%p 정도 상승했다. 그러나 여전히 경쟁사 대비해서는 낮았다. 브랜드 인지도가 2~3%p 정도 상승한 것에 초점을 맞출지, 여전히 경쟁사 대비 경쟁력이 떨어지는 상황에 주목해야 하는지 프레젠터는 판단해야 한다. 전체적인 보고의 흐름이 달라질 수 있는 중대한 관점이다. 조사를 담당한 실무자들 사이에서도 의견이 나뉘었다. 한편에선 인지도가 조금 올랐지만, 여전히 경쟁사 대비 경쟁력이 낮다는 부분을 강조했고, 다른 한편에선 상반기 조사 결과를 바탕으로 쇼핑몰 회사에서 활발한 마케팅 활동을 진행했고, 몇 개월 사이에 보조인지도가 2~3%p 상승했다면 큰 성과라며 맞섰다. 이럴 때 프레젠터의 경험과 연륜이 큰 몫을 한다.

내 경험으로 볼 때 몇 개월 사이에 인지도를 상승시키는 것은 쉽지 않은 일이다. 이 경험을 바탕으로 나는 프레젠테이션 때 '활발한 마케팅 활동 전개로 인지도가 상승한 점에서 긍정적인 성과를 거뒀다'라는 데 초점을 맞췄다. 다만 '아직도 경쟁사 대비해 경쟁력이 약세이므로 지속적인 상승 노력이 필요하다'라고 덧붙이는 방식을 택했다. 이 사례 역시 '맞다', '틀리다'로 평가할 부분이 아니다. 관점에 따라서도 데이터의 의미는 수시로 변할 수 있음을 프레젠터는 인식해야 한다는 것이다.

데이터를 분석할 때 관점의 중요성을 언급하는 사례다. 다음 페이지의 그림을 2개로 묶는다면 어떻게 묶을 수 있을까? 판다와 원숭이를 묶고 바나나를 남겨놓거나, 원숭이와 바나나를 묶고 판다를 따로 놓는 경우가 있을 것이다. 판다와 원숭이를 묶는 것은 서양에서, 원숭이와 바나나를 하나로 묶는 방식은 동양적 세계관에 근거한다고 한다. 동양인은 세상을 연결된 거대한 장으로 인식해 연결을 중시하는 반면 서양인은 세상을 각각의 개체가 모인 공간이라 생각하기 때문에 동물끼리 엮는다고 알려져 있다. 따라서 원숭이와 바나나를 연결하는 것은 동양적 관계에 기초한 분류다. 그런데 최근 국내 MZ세대를 대상으로 물어보면 우리나라에서도 원숭이와 판다를 같이 묶는 경우가 원숭이와 바나나를 묶는 경우보다 더 많아졌다. 이렇게 사물을 보는 관점은 지역에 따라 또 세대에 따라서도 다를 수 있다.

● 이 중에 두 개를 묶는다면?

 경험파일

　　환경 전문기업의 브랜드 조사를 몇 년간 계속 진행했을 때의 경험
이다. 코로나 19 엔데믹 후 해당 브랜드 지표가 하락했다. 중요하게 생
각하는 지표에서 변화가 나타나면 기업에서는 민감하게 반응한다. 특
히 상승보다는 하락 시에 평가지표(KPI: Key Power Index)에 대한
명확한 분석을 요구하는 경우가 많다. 이때 단순히 지표만 비교해서는
안 된다. 지표의 하락이 해당 브랜드만의 문제인지, 동종 업계 내 다른
브랜드들도 하락 경향을 보이는지도 파악해야 한다. 구글 트렌드나 온
라인 버즈량 같은 시장의 경향에도 변화가 있는지 살펴봐야 한다. 추
가로 분석해보니 전반적으로 경쟁 브랜드들도 해당 지표가 하락했다.
구글 트렌드 경향에서도 코로나 엔데믹 후 소비자들이 환경이나 위생
과 연관된 제품에 대한 관심도가 낮아지는 것을 파악할 수 있었다. 프
레젠테이션 때, 지표 자체의 하락에 부연해 전체적인 시장 상황의 변
화가 영향을 준 부분을 설명했고 청중들은 맥락을 이해했다.

경험파일

　　CEO들은 타사나 경쟁사들의 성공과 실패 사례에 대해 듣고 싶어 한다. 자사의 전략 수립에 참고하기 위해서다. 한때 뷰티 상품(로드숍 뷰티) 매출에서 1등을 달렸던 한 브랜드의 광고 효과 조사를 진행한 적이 있다. 오랫동안 마케팅 활동을 하지 않았던 회사였는데 새롭게 광고를 시작해 브랜드 지표에서 일부 상승이 나타났다. 예상했던 대로 대표는 조사에서 나타난 지표의 상승이 갖는 의미와 성과를 궁금해했다. 나는 다음과 같이 응대했다. "일단 광고 인지도와 광고를 보고 난 후 브랜드를 인지한 비율은 지금까지 수행한 다른 업체의 광고보다 높고, 광고를 보고 난 후 구매 의향도 상승했습니다. 그런데 구매 의향의 상승은 일반적으로 광고를 하게 되면 평균적으로 상승하는 수치가 있는데 그 수치와 유사해 평균 정도 성과입니다."로 데이터의 의미를 설명한 것이다.

　　마케팅 조사를 하다 보면, 모든 수치가 맥락과 연결되어 일관적으로 나오지 않을 때도 있다. 물론 수치에 일관성이 없다면 데이터에 오류가 없는지 다시 확인해야 한다. 그러나 조사 오류가 발견되지 않는다면 일부 곁가지 수치들로 인해 전체 분석의 스토리라인이 혼란스러워져서는 안 된다. 이때도 나무보다는 숲을 보는 전략을 취해야 한다. 프레젠테이션이 자칫 본류가 아닌 곁가지 싸움으로 변질되도록 해서는 안 되기 때문이다. 실제 비즈니스 프레젠테이션의 경우 사소한 수치에 대한 논란으로 데이터 신뢰성에 대해 논박만 하다가 핵심 메시지가 뒷전에 밀리는 경우가 종종 있다.

같은 수치라도 업종이나 브랜드 위상에 따른 차이를 반영해야 한다. 아이스크림이나 세제 등의 소비재 광고 효과와 자동차, 전자제품 등의 내구재 광고 효과를 지표상 동일한 잣대로 평가할 수 있을까? 소비재는 광고를 하게 되면 구입 의향의 상승폭이 자동차나 전자제품의 내구재보다 더 높은 경향을 보인다. 그것은 가격이 상대적으로 싸고 구입 주기가 빠르기 때문이다. 소비자가 손쉽게 구입할 수 있는 제품은 광고를 보고 구입 의향이 바로 높아질 수 있지만, 자동차나 전자제품은 구입 주기가 길고 가격이 상대적으로 높기에 구입 의향 상승 폭이 제한된다. 광고를 본 소비자의 구입 의향이 5~6% 상승했다면 내구재에서는 잘한 광고로 평가받지만 소비재에서는 구입 의향 상승폭이 높다고 단정적으로 분석할 수 없다.

해당 브랜드의 시장 내 위상 차이도 결과치 해석에 반영돼야 한다. 브랜드 위상이 높은 시장 내 1위 브랜드는 광고를 해도 구입 의향의 상승폭이 높지 않다. 그 이유는 이미 시장 내 점유율이 높기 때문에 더 올리는 데 한계가 있기 때문이다. 반면 시장 내 브랜드 위상이 낮은 기업은 광고를 하게 되면 구입 의향 상승폭이 상대적으로 크게 나타난다. 학교 시험에서 50점 맞은 학생이 60점으로 올리기가 어려울까? 85점 맞은 학생이 95점으로 올리는 것이 어려울까? 생각해 볼 대목이다.

마지막으로 프레젠터가 자칫 빠지기 쉬운 오류가 있다. 프레젠터가 해당 프로젝트에 얼마나 많은 시간과 정성을 들였고, 고도의 통계 기술을 활용했는지를 강조하는 데 적지 않은 시간을 할애하는 경우도 있다. 프로답지 못한 행동이다. 청중들은 내가 얼마나 준비했는지, 분석기법이 얼마나 탁월한지를 알기 위해 모여 있는 것이 아니다. 그 결과물이 중요한 것이다. 단순한 분석기법이라도 이번 발표 목적을 잘 구현한다면 더 의미가 있다. 광고의 효과를 평가할 때, 소비자들이 광고에서 전달하는 메시지가 무엇인지를 명확하게 인지하는 것이 중요한 것이지 광고대행사가 얼마나 창의적이고 경제적으로 광고를 만들었는지는 관심사가 아니다.

⑦ 경쟁사와 업계 동향을 파악하라

　비즈니스 프레젠테이션의 경우 업계 전체의 시각 또는 다른 기업의 사례를 덧붙이면 청중의 관심을 더 증대시킬 수 있다. 특히 비즈니스 프레젠테이션에서 경쟁사의 전략이나 업계의 동향은 고객사의 최우선 관심사 중 하나이다. Q&A 과정에서 이런 부분에 대한 갈증을 해소해준다면 프레젠테이션 성공 가능성을 높일 수 있다.

　경쟁업체와 업계의 동향을 파악하는 것은 내밀한 기업 내부의 비밀이 아닌 이상 그리 어렵지 않은 것이 현실이다. 먼저 네트워크를 활용하라. 인맥을 통하면 업계 현안에 대한 통찰력을 얻을 수 있고 실속 있는 알짜 정보를 챙길 수 있다. 6단계 분리 이론(Six Degrees of Separations)[5]이 있다. 인간관계는 6단계만 거치면 지구상 대부분 사람과 연결될 수 있다는 사회 이론이다. 너무 멀어서 도저히 도달할 수 없다고 생각될지 모르는 상대도 의외로 6단계 안에서 도달하는 게 가능하다는 것이다. 이처럼 네

5　6단계의 사람들을 거치면 서로 모르는 사람들끼리도 쉽게 연결될 수 있다는 정보 전달과 네트워크에 관한 개념

트워크적 접근은 그리 어렵지 않다. 친구나 동료, 관련분야 전문가를 통해 정보를 확보할 수 있다. 혈연과 지연, 동문 네트워크를 활용하는 것은 의외의 효과를 거둔다. 이들은 종종 강한 동지애를 갖고 경험을 기꺼이 공유해주려고 노력한다. 질적으로 훌륭한 콘텐츠를 습득할 수 있다.

회사원이라면 자신이 속한 기업과 관련된 업종에 대한 이벤트나 콘퍼런스에 참여하는 습관을 들여라. 업계의 변화와 미래 방향성을 인식하는 데 중요한 나침반이 된다. 특히 최근엔 온라인만으로도 쉽게 업계 동향을 확보할 수 있는 통로가 열려있다. 산업별 협회나 연구 조직, 전문 사이트의 경우 지식 허브 역할을 톡톡히 한다. 산업별 현황과 현안, 그리고 유용한 통계자료를 얻을 수 있다. 평소 비즈니스 관련 뉴스나 업계 출판물을 모니터링하는 것은 기본이다. 방송과 신문을 통해 업계의 현안이나 과제를 파악하는 습관은 비즈니스 프레젠테이션을 풍부하게 하는 기본 소양이 된다. 산업별 정기 간행물을 구독하는 방법도 효과적이다. 시장 상황과 경쟁사 활동은 물론 새로운 추세에 대한 통찰력을 얻을 수 있다. 물론 평판이 좋은 간행물을 선택해야 한다.

⑧ 후광효과를 간과하지 마라

프레젠테이션 과정에서 자신의 전문 분야나 업적 또는 프로젝트 관련 경험을 강조하는 것도 좋은 방법이다. 콘텐츠 이전에, 배경이 되는 긍정적인 사항들을 공유함으로써 후광효과가 생겨 프레젠테이션의 집중도를 높일 수 있다. 특히 프로젝트 제안 프레젠테이션의 경우 과거에 관련 프로젝트의 성공사례를 강조하면 긍정적인 이미지를 심어줘 호감도를 높일 수 있고 신뢰감을 줄 수 있다. 이때 공신력 있는 기관의 평가, 수상 경력 등도 긍정적인 효과를 높이는 요소이다. 프레젠터의 겉모습도 후광효과[6]에 작용한다. 프레젠터의 세련되고 전문적인 이미지와 태도는 긍정적인 효과를 발휘한다. 여기에 정보가 정확하고, 답변이 명확하며, 청중의 이익에 대해 진정성을 보이면 신뢰가 더한다. 긍정적인 단어 사용은 청중의 인식에 전반적으로 호의적으로 작용한다.

비즈니스 프레젠테이션을 할 때 시장에서 인정받는 기업이 도입하고 있는 전략이나 사례는 적극 활용하라. 누구에게나 가치를 평가할 때 사용하는 상식적인 기준이 있다. 어떤 회사에서 '근무제 변경'과 관련한 연구 결과를 발표한다고 하자. 이때 회사에서 추구하는 방향성이 삼성과 LG 같은 국내 굴지의 대기업이나 정부 공공기관 등에서 도입하고 있는 근무제라고 덧붙이면 신뢰도를 높일 수 있다. 다른 회사와의 경쟁 프레젠테이션에서 우리 회사의 강점을 소개할 때도, 글로벌 기업들과 유사한 프로젝트를 여러 차례 경험한 부분을 강조하면 신뢰를 더할 수 있는 요인이 된다. 물론 프레젠테이션이나 제안서에서 어떤 고객사와 어떤 조사까지 이뤄졌는지에 대한 구체적인 언급은 해당 기업의 비밀이나 보안에 해당하는 부분도 있어 주의해야 한다. 하지만 고객사를 언급하는 정도는 허용된다. 자동차 관련 프로젝트를 하는데 이전에 현대 기아차

---

6 어떤 대상을 평가할 때에, 그 대상의 어느 한 측면의 특질이 다른 특질들에까지도 영향을 미치는 일. 인물을 평가할 때 그 사람의 외모에서 좋은 인상을 받았을 경우 그 사람의 지능이나 성격 등도 좋게 평가하는 일 따위이다.

나 GM자동차, 벤츠와 조사했던 경험이 있다든지, 글로벌 기업에서 같은 방법으로 조사를 한 경험 등의 정보는 긍정적인 후광효과를 준다.

한 항공우주 관련 스타트업 사례를 소개한다. 투자를 받기 위해 국내외로 발 벗고 나섰지만, 제품과 서비스를 설명하는 기회조차 제대로 주어지지 않았다고 한다. 신생 스타트업이 겪는 어려움이다. 하지만 이 회사의 창업 멤버들이 국내 최대의 항공우주 관련 국책연구원의 연구원들이어서 관련분야 경험이 많다는 부분을 강조하자 그 후광효과로 발표기회를 얻을 수 있었다는 에피소드도 있다. 글로벌 선진 기업들과 비즈니스 경험이 많다는 것은 해당 기업이 실력을 인정받은 것일 뿐 아니라 기업의 노하우도 신뢰할 수 있는 근거가 된다. 실제 비즈니스 세계에서 프로젝트 경험은 또 다른 자산이 된다.

 경험파일

대기업을 대상으로 프로젝트 제안 프레젠테이션을 할 때였다. 우리 회사가 수행하는 마케팅 조사 방법에 대해 상세하게 브리핑을 마쳤다. 보고가 끝나자마자 해당 기업의 담당 임원이 해당 조사 방법으로 조사했던 기업들의 사례가 있는지를 물었다. 나는 "다양한 글로벌 기업들이 이미 보편적으로 많이 사용해 검증된 방법이며 특히 이 조사 방법을 활용한 대표적인 기업은 마케팅 활동의 교과서라고 불리는 ○○기업입니다."라고 강조했다.

해당 임원은 즉각 긍정적인 반응을 보였다. 당연히 프로젝트 수주에도 긍정적 영향을 끼쳤다. 기업들은 해당 업종에서 선도적인 기업을 벤치마킹하고 싶어 한다. 선도 기업과의 프로젝트 경험은 다른 기업들에 안정적인 보증수표 역할을 하며 후광효과를 준다.

광고

교황 방한위원회

2014년 8월 프란치스코 교황이 한국을 방문했다. 당시 의전 차량으로 배기량 1천600cc급인 기아자동차 '쏘울 1.6'이 선택됐다. 이후 쏘울은 포프모빌(교황의 차량)로 알려지면서 유럽에서 판매량이 큰 폭으로 상승했다. 교황이 탑승한 차량이라는 후광효과가 톡톡히 작용한 것으로 분석됐다.

⑨ **유머는 '약'인가 '독'인가?**

이제 비즈니스 프레젠테이션도 인포테인먼트(infotainment)의 영역으로 옮아가는 경향을 보이고 있다. 프레젠테이션이 따분한 정보 전달에만 그친다고 하면 굳이 프레젠테이션을 할 이유가 있을까? 정보와 함께 재미가 어우러져야 청중을 설득하는 데 유리하다. 유머는 청중의 관심을 끌고 프레젠테이션을 더욱 매력적으로 만드는 요소임에 분명하다. 일반적으로 유머는 발표자와 청중 간에 거리감을 좁혀 발표자를 더 친근하게 인식하고 호감을 갖게 만든다. 특히 프레젠테이션을 시작할 때 어색함을 깨는 데 도움이 된다. 무엇보다도 청중들은 유머러스한 맥락에서 제시된 정보에 대해 더 잘 기억한다. 적절한 타이밍에 유머를 구사하면 청중의 긴장과 스트레스를 완화해 현장의 분위기가 보다 더 긍정적으로 변한다. 당연히 콘텐츠를 쉽게 받아들이는 분위기로 전환되는 효과가 발휘된다. 그러나 유머를 과도하게 사용하면 실질적인 콘텐츠를 전달하기보다는 오락에 치중되는 경향이 있어 핵심 메시지 전달이 미약해질 수 있는 부분도 고려해야 한다.

특히 문화적으로 부적절한 유머는 청중의 기분을 상하게 할 수 있다. 유머는 주관적이므로 어떤 사람은 재미있다고 생각하지만 다른 사람은 그렇지 않을 수 있다. 모든 사람이 공감할 수 없는 유머인 경우 일부 청중은 소외되거나 반감을 가질 수 있다. 특히 요즘은 대기업의 사업 영역이 대부분 글로벌화돼 있어 비즈니스 프레젠테이션의 경우 외국인 청중도 심심치 않게 만나볼 수 있다. 한 문화에서는 호평을 받을 수 있는 농담이 다른 문화에서는 오해를 받거나 제대로 전달되지 않아 잘못된 의사소통이 발생할 수 있다. 유머는 동서양의 코드가 다르고 집단별, 세대별로도 차이가 있기 때문이다. 특히 비즈니스 프레젠테이션에선 유머 사용에 신중해야 한다. 유머가 제대로 작동한다면 관심과 흥미를 자극해 프레젠테이션 주목도가 높아질 수 있지만 유머 활용 자체가 용기이고, 유머를 잘못 활용하면 분위기만 어색해지는 '독'이 될 수 있다. 타이밍을 잘못 맞추거나 강요된 유머는 프레젠테이션의 흐름을 방해하고 주요 메시지에 대한 집중력을 떨어뜨리는 요소가 될 수 있다.

그러면 비즈니스 프레젠테이션에서 유머 사용 여부를 어떻게 결정해야 할까? 나는 이때 가혹하지만 자신을 평가해보라고 말한다. 평소 누군가로부터 들었을 때는 자신에게 큰 웃음을 안겨준 얘기였는데, 직접 다른 사람에게 전달하면 분위기가 어색해지는 프레젠터라면 유머를 포기해라. 반대의 경우엔 소재를 발굴해 유머를 적극 사용해도 무리가 없다. 물론 꾸준히 노력해 유머 능력을 향상시키는 것은 프레젠터로서 갖춰야 할 기본 소양이다. 유머도 훈련으로 단련할 수 있기 때문이다. 다만 유머를 활용하지 않고서도 충분히 훌륭한 프레젠테이션이 가능하므로 유머에 스트레스받지 말라는 의미다. 또 비즈니스 프레젠테이션에서 유머를 준비했다면 당일 현장 분위기를 점검해라. 현장의 호응이 여의치 못할 때는 유머를 자제해야 한다. 특히 농담으로라도 청중을 조롱하거나, 감정적으로 공격해서는 안 된다. 특정 참석자 이름이나 특징을 유머의 대상으로 언급하게 되면 본의 아니게 상처를 줄 수 있다. 만약 의도치 않게 청중의 감정을 상하게 했다면 빠르게 사과해라. 결론적으로 유머는 프레젠테이션에서 강력한 도구가 될 수 있지만 유머의 효과를 보장하려면 유머를 신중하게 사용하고 청중과 맥락, 적절성을 고려하는 것이 필수적인 조건이라는 부분을 잊어서는 안 된다. 전반적인 메시지와 청중 선호도에 부합하는 균형 잡힌 접근 방식이 유머 성공의 열쇠다.

경험파일

외식 업체의 프레젠테이션 현장에서의 경험이다. 해당 외식 업체 제품의 타깃층은 10대와 20대였다. 당시 그 회사 임원이 프레젠테이션 중에 "나는 그 제품이 마음에 안 드는데…."라는 말을 했다. 나는 당시 농담 삼아 "○○○님은 이 제품의 타깃층이 아닙니다."라고 말했는데 순간 분위기가 썰렁해졌다.

광고

Buy 2 Corona's, get one Mort Subite (Instant Death) for free
("코로나 2병을 사시면 Morte Subite(즉사)를 공짜로 드립니다") 자료 삽화

2020년 코로나 19 유행 시기에 이름이 유사한 '코로나' 맥주가 사람들 사이에서 브랜드 인지도가 높아졌다. 이 시기에 벨기에에서 마케팅 활동을 했는데 "코로나 2병을 사시면 Morte Subite(즉사)를 공짜로 드립니다"라는 프로모션을 진행했다. 실제 'Morte Subite(즉사, instant death)' 뜻을 가진 맥주가 있었는데 이것을 코로나와 연관해

서 마케팅 활동을 진행한 것이다. 이 판촉을 기획한 사람은 분명 유머를 마케팅에 활용하고 싶었을 것이다. 그러나 유머에는 웃어넘길 수 있는 선이 있다. 도를 넘는 유머는 불쾌감과 함께 예상치 못한 부정적인 결과를 가져올 수 있다.

 **알맹이**

Chapter 04 비즈니스 프레젠테이션 비법 9가지

1. 'Mission'을 모르면 'Misson Impossible'

   프레젠테이션 목적을 5줄로, 그다음은 2~3줄로, 그다음은 한 줄로 요약해 봐라. 그러면 전체적인 맥락을 놓치지 않는다. 내용이 목표에서 멀어진다면 과감히 삭제하라.

2. 감정을 자극하라... 공감이 배가된다

   감정은 이야기에 공명을 더한다. 유머, 공감, 흥분 등 무엇이든 메시지에 부합하고 청중과 소통할 수 있는 감정을 프레젠테이션 스토리에 불어넣어라. 공감이 배가된다.

3. 체감할 수 있는 예시를 개발하라

   적절한 예시는 프레젠테이션의 핵심 내용을 쉽게 이해하게 하고 기억하게 만든다. 생활 속에서 쉽게 접하는 내용으로 예시를 준비하고 개발하라. '글'로만 하는 설명보다는 그림이나 사진을 사용했을 때 전달력이 높아지고, 동영상이나 소품을 사용했을 때 더 기억에 많이 남는다.

4. 고수는 쉽게 설명한다

   프레젠테이션은 쉬워야 한다. 어려운 용어나 분석도 쉽게 풀어쓰고 청중을 이해시킬 수 있어야 한다. 프레젠터의 설명이 어렵다면 내용을 완전히 숙지하지 못한 경우일 수 있다고 단언한다.

5. 스토리텔링 방식을 활용하라

   3-3-3 구조가 프레젠테이션에 적합하다. 전체 내용의 큰 구조를 3가지로 나

누고 그 3가지 구조별로 다시 3개의 소단락을 나눠 설명이나 근거를 뒷받침
하는 방식이다. 단락이 너무 많으면 청중은 전체 흐름을 놓칠 수 있다.

6. 나무를 보지 말고 숲을 봐라

데이터가 아닌 데이터가 가진 의미에 집중해야 한다. 일부 곁가지 수치들로 인
해 전체 분석의 스토리라인이 혼란스러워질 때도 나무보다는 숲을 보는 전략
을 취해야 한다.

7. 경쟁사와 업계 동향을 파악하라

경쟁사나 업계 동향은 청중의 관심을 증대시킨다. 언론을 통해 업계 동향을
파악하는 것은 기본이다. 여기에 더해 인적 네트워크를 활용해 해당 기업이나
비즈니스의 현안을 파악하면 프레젠테이션에서 활용도가 높다.

8. 후광효과를 간과하지 마라

비즈니스 프로젝트 경험이 많다는 것은 실력을 인정받은 것일 뿐 아니라 노하
우도 신뢰할 수 있는 근거가 된다. 특히 비즈니스 현장에서 글로벌 선도 기업
들과의 비즈니스 경험은 적극 홍보하라.

9. 유머는 '약'인가 '독'인가?

유머는 주목도를 높이는 데 효과적이다. 비즈니스 프레젠테이션에서 유머 활
용 여부는 내가 평소에 웃음 포인트를 갖고 있는지를 스스로 평가해보고 판
단하라.

프레젠테이션 성패는 'Q&A'

'Q&A(질의응답)'는 프레젠테이션의 화룡점정이다. 예상 질문들을 뽑아보고 이에 대한 답변을 준비해야 한다. 예상치 못한 질문에 대한 두려움은 누구에게나 있다. 최대한 많은 예상 질문을 뽑아 답을 준비하는 수밖에 없다. 초보 프레젠터일 때는 상사나 동료들에게 예상 질문을 받아보는 것을 권한다. 예상치 못한 질문이 나올 때 내가 정확한 대답을 할 수 있는지를 먼저 판단해야 한다. 현장에서 답을 할 수 없는 문제라면 "추후 확인해서 답변을 전달하겠다"라고 솔직히 대응하는 편이 낫다. 자칫 얼렁뚱땅 그 상황만 모면하려 잘못된 정보와 분석을 전달하면 프레젠테이션 전체의 신뢰도에 금이 갈 수 있다. 반드시 대답해야 한다는 강박관념에 사로잡히면 오히려 '득'이 아닌 '실'이 될 수 있다는 사실을 명심해라.

① 'Q&A'는 골키퍼의 시간

Q&A는 골키퍼의 시간이다. 때로는 골키퍼가 날아오는 공의 방향을 예측해 미리 그 자리로 이동해 선방하기도 하고, 공과는 전혀 다른 방향으로 몸을 날려 골이 먹히기도 한다. 여기저기서 날라오는 공을 막는 골키퍼의 마음처럼 Q&A 시간은 상황을 예상해 사전에 답변을 준비해야 한다. 어떤 상황에서도 자신감을 잃지 마라. 말은 더듬거리지 말고 확실한 어조로 명확한 표현을 사용해라. 질문 내용이 불확실한 경우에는 질문자에게 다시 요청해 질문을 명확히 한 후에 답변해야 한다. 질문을 엉뚱하게 이해해 동문서답하며 시간을 낭비하는 오류를 범해선 안 된다. "지금 질문하신 내용이 ○○○에 관한 것이 맞는지요?"라고 확인해서 진행하는 방법은 좋은 자세다. 혹은 질문 내용이 모호하면 "제가 ○○ 부분에 대해 이해를 못 했는데, 다시 한번 질문의 요지를 설명해 주시겠어요?"라고 추가 정보를 요청해 맥락을 명확히 파악해야 한다.

또 어떤 상황에서든 긍정적인 태도를 유지하는 것이 중요하다. 본류를 벗어난 질문이나 비판적인 질문에도 긍정적으로 대응하고, 주관적인 표현보다는 객관적인 태도로 응답해 갈등을 피하는 것이 좋다. 비즈니스 프레젠테이션의 경우 이해관계가 얽혀있을 때 공격적인 질문이 있을 수도 있는데 이런 경우 주관적인 감정을 드러내게 되면 앙금이 남게된다. 청중의 피드백을 긍정적으로 받아들이고, 필요하다면 자신의 의견이나 입장을 조정할 수 있어야 한다. 청중의 의견을 존중하고 함께 고민하는 태도를 보여야 '상호존중'과 '공감'이 이뤄진다. 논쟁할 사안이 아니라면 "말씀하신 내용 들어보니 그럴 수 있다고 생각됩니다", "그 부분은 미처 생각하지 못한 부분이었습니다" 정도로 인정하며 대안을 제시하는 것도 한 방법이다. 특히 대안을 제시하지 못할 때도 질문자의 의견이나 고민을 존중하는 태도를 보여라. "그런 걱정과 고민이 저도 데이터를 보면서 들었습니다"라고 공감하는 것이 중요하다. 그러나 실전에서는 항상 예측하지 못한 질문이 나오기 마련이다.

② 핵심은 'So What?'

대부분의 비즈니스 프레젠테이션에서는 Q&A 시간에 'So What?' 즉 '그래서 뭐?'라는 질문들이 이어지는 경우가 많다. "우리는 무엇을 해야 할까요?", "어떻게 해야 할까요?" 특히 의사 결정권자의 경우 이런 경향을 보인다. 이를 염두에 두고 전체적인 맥락을 요약해 결정의 단서를 제공하도록 준비해야 한다. 특히 의사 결정권자에게 프레젠테이션 할 때는 사전에 연관된 부서와 충분한 정보를 교환하는 것도 프레젠테이션 성과를 높일 수 있다. 프레젠테이션 대상 회사 내 관련 부서가 내린 전략적 결론과 프레젠테이션에서 전달하려는 전략 메시지가 상이할 때는 프레젠테이션에서도 해당 부분에 대한 충분한 부연 설명이 뒤따르는 편이 성과를 높일 수 있기 때문이다. 의사 결정권자가 궁금해하는 부분이자 검토해야 할 부분에 대해 미리 단서를 제공하는 효과를 거둘 수 있다.

경험파일

　　중견기업 CEO와 임원진을 대상으로 프레젠테이션을 한 경험이다. 프레젠테이션을 마쳤는데 해당 CEO가 "리서치 결과를 보니 광고를 더 해야 할 것 같은데, 우리 회사엔 브랜드들이 여러 개 있는데 어떤 브랜드에 광고를 집중해야 효과적일까요?"라고 물었다. 당시 현장에는 각 브랜드를 담당하는 임원들과 실무진들이 다 모여 프레젠테이션을 보고 있었기에 외부 프레젠터인 내가 섣부르게 제언하기가 조심스러운 상황이었다. 이해관계들이 얽혀있기 때문이다. CEO는 객관적으로 제삼자인 리서처 입장의 분석적 시각을 듣고 싶었을 것이다. 당시 나의 답변의 요지. "조사 결과로 볼 때 2등 브랜드를 1등으로 올리기 위해 투입되는 비용보다, 흔들리고 있는 1등 브랜드부터 공고히 하시는 것이 비용도 덜 들고 비용 대비 효과적으로 보입니다. 2등이 1등 되기는 어려운데, 1등이 2, 3등으로 떨어지는 것은 한순간입니다. 그리고 2등이 되면 다시 1등으로 올라가기는 더 어렵습니다." CEO는 수첩에 무언가를 메모했다. 내 제언이 얼마나 영향력을 발휘했을지는 모르겠지만 실제로 해당 업체는 여러 브랜드 중에 1등 브랜드에 대한 투자에 집중했고, 프레젠테이션 이후 해당 브랜드는 시장 내 1등 위상이 더 공고해졌다. 결과적으로 CEO가 브랜드 정책을 결정하는 데 필요한 여러 요소 가운데 하나를 프레젠터가 제시했다는 판단이다. 여기서 나의 제언이 맞고 틀리고를 말하고자 하는 것은 아니다. 판단은 다를 수 있기 때문이다. 핵심은 바로 CEO가 무엇에 관심을 가지는지를 알아야 한다는 것이다. 비즈니스 프레젠테이션의 프레젠터는 이 부분을 반드시 염두에 둬야 한다.

③ 히든카드를 준비하라

프레젠테이션에서 핵심적인 내용을 모두 쏟아내야 하는 것은 당연하다. 하지만 Q&A 세션을 위한 히든카드는 남겨놓아야 한다. Q&A 시 "질문의 궁금증을 해소할 만한 데이터가 있습니다"라든가 "실제 질문 내용에 부합하는 사례가 있었습니다"라는 식으로 본 발표에서 사용하지 않은 데이터와 사례를 소개할 수 있도록 준비해라. 청중은 프레젠터의 광범위한 준비에 신뢰감을 더할 것이다. Q&A에 대비한 새로운 정보, 히든카드를 남겨둔다면 청중을 사로잡는 의외의 효과를 거둘 수 있다.

 **알맹이**

Chapter 05 프레젠테이션 성패는 'Q&A'

1. 'Q&A'는 골키퍼의 시간

   Q&A 시간은 골키퍼의 마음으로 상황을 예상해 사전에 답변을 준비해야 한다. 자신감을 잃지 말고 확실한 어조와 표현을 사용해라. 예측하지 못한 질문에 대해서는 답변을 후에 제공할 수 있음을 알려라. 무리하게 대답하다 프레젠테이션의 신뢰성마저 잃을 수 있다.

2. 핵심은 'So What?'

   'So What?'에 대비하라. 전체적인 맥락을 요약해 결정의 단서를 제공하도록 준비해야 한다. 프레젠테이션의 목적을 염두에 두고 해답으로 가는 길을 모색하라.

3. 히든카드를 준비하라

   Q&A 시간을 위한 콘텐츠를 남겨놔라. Q&A는 프레젠테이션의 성패를 뒤집을 수 있는 마지막 기회다. 예상되는 질문에 대해 최적의 새로운 자료를 제시해 청중을 사로잡아라.

비즈니스
프레젠테이션 A to Z

CHAPTER

01 ＿＿＿ 프레젠테이션 WARMING-UP

🅵 최종 점검은 프레젠터의 몫

① 브랜드명, 이름, 로고 주의

발표 자료에서 오탈자나 숫자 오기가 나오면 전체적인 프레젠테이션 신뢰성을 크게 떨어뜨리게 된다. 소수점 위치 하나를 잘못 찍었을 때 결과의 차이를 생각해라. 특히 브랜드명, 로고 등에서 실수가 자주 나온다. 요즘은 회사마다 브랜드명이나 로고 등이 자주 바뀌기 때문에 발표 자료에 자칫 과거에 사용한 브랜드명과 디자인, 로고가 삽입될 가능성이 있다. 이런 실수는 프레젠테이션 대상 기업에 대한 기본 예의가 아닐뿐더러 준비가 소홀한 듯한 인상을 주게 된다. 대기업 프레젠테이션 때 제품 패키지 디자인을, 현재 판매되는 것이 아니라 예전 디자인을 사용한 경우가 있었다. 패키지가 달라졌는데 업데이트가 안된 것이다. 프레젠테이션 중간에 경영진의 지적을 받은 바가 있다. 얼굴이 화끈거리고 당황스러웠다. 프레젠터는 최종 스트라이커라고 하지 않는가. 이 모든 책임까지 온전히 져야 하기에 마지막 검토는 프레젠터의 몫임을 잊지 말아야 한다.

② 핵심 장표를 미리 표시해라

프레젠테이션 자료 정리의 마지막 단계로서 발표할 장표를 빠르게 넘기면서 장표별로 주요 포인트나 핵심 키워드를 메모하라. 이때 중요 장표는 미리 표시해두는 게 좋다. 갑자기 발표 시간이 줄어들거나 늘어날 경우를 대비할 수 있다. 중요 장표를 표시해두면 페이지를 줄이게 될 경우 핵심 페이지 위주로 정리할 수 있고, 늘려야 할 경우에도 핵심 장표 중심으로 예시를 들면서 설명할 수 있기 때문에 효과적이다. 그리고 강조할 부분의 예시는 복수로 준비하는 습관을 들여라. 시간이 충분하지 않으면 예시를 한두 개로 끝낼 수 있지만 시간에 여유가 있거나 설명이 부족하다고 느껴질 경우 준비된 예시를 활용할 수 있기 때문이다.

② 파워포인트 활용 TIP

파워포인트는 프레젠테이션을 전달하는 효과적인 도구다. 비즈니스 프레젠테이션의 경우 파워포인트 소프트웨어를 주로 사용한다. 프레젠테이션 장표는 간결하게 구성해 한눈에 보기 편하게 제작해라. 텍스트는 최대한 짧게 넣거나 혹은 텍스트 없이 사진이나 그림, 이미지만을 사용하는 것도 고려하라. 이처럼 이미지가 단순화될수록 전달력이 높아진다. 다만 이럴 경우 프레젠터의 역량이 더 크게 발휘돼야 한다. 정보가 많은 슬라이드는 프레젠터가 슬라이드에 의존할 수 있다. 자연스럽게 자료가 발표자를 지배하게 된다. 하지만 단순한 이미지로 함축할수록 프레젠터가 핵심적인 정보들을 암기해 풀어내야 한다. 자료는 보완재가 되고 프레젠터의 설명에 집중도가 올라간다.

① 글자 크기와 글꼴, 색채

최근 추세는 특정한 원칙보다는 전체 장표의 통일감이 더 중요하다. 그 통일감은 글자 크기와 글꼴, 색채 등에서 함께 구현된다.

글자 크기는 청중들이 잘 보이도록 하는 게 가장 중요하다. 슬라이드 화면에 글자가 많으면 답답해 보이고 뒤에 앉은 청중들은 가독성이 떨어진다. 그래프나 도형, 다이어그램을 적극적으로 활용해 시각화해라. 텍스트와 시각화된 자료의 비율은 어느 정도가 적당할까? 간결하고 직관적으로 이해가 되기 위해서는 한 장의 슬라이드에 이상적으로는 90%의 시각화된 자료와 10%의 텍스트가 적당하다는 주장도 있다. 그만큼 글자를 많이 넣는 것보다는 시각화된 장표가 훨씬 더 이해가 쉽다는 것이다.

글꼴은 한글은 맑은 고딕체, 영문은 Arial체를 많이 활용한다. 그러나 최근에는 기업이나 브랜드별로 브랜드 정체성을 높이기 위해 고유의 폰트를 활용하는 경우가 많다. 이럴 때는 기업이나 브랜드에서 사용하는 폰트를 미리 내려받아서 활용하면 청중들이 친숙하게 받아들인다.

전체적으로 사용하는 색깔은 5개를 넘지 않는 선에서, 기업이나 브랜드의 고유 이미지 색깔과 비슷한 범주로 선택하는 것이 좋다. LG그룹과 관련된 보고서를 예로 들어보자. 중요 포인트에서 LG 로고의 빨간색을 활용하라. 삼성전자는 로고처럼 파란색 계열로 전체 색감을 맞추는 것이다. LG 대상으로 프레젠테이션을 한다면, 상승이나 호감 등의 긍정적인 지표를 표시할 때는 로고 색인 빨간색으로 표시해 기업 로고에 맞춘 색채 적용을 하면 호감을 줄 수 있다. 파란색 로고를 사용하는 삼성과 관련된 장표에서는 도표나 그래프에서 상승이나 호감을 표시할 때 파란색을 활용하는 식이다. 색채를 5개 이내로 제한한 것은 전체적으로 통일감을 주기 위해서다. 너무 많은 색깔 사용은 발표 내용을 산만하게 하며, 너무 적은 색깔 사용은 강조할 부분들이 제대로 보이지 않아 주목도를 떨어뜨린다. 5개 이내 색깔에서 명도와 채도를 조정하면 전체적인 통일감 속에 주목도도 놓치지 않게 된다.

② 메시지 구성

장표 메시지는 간단하고 명료하게 구성되어야 한다. 복잡한 미로식 편집은 시각적으로 피로도를 높인다. 파워포인트 한 장의 슬라이드에 한 개의 메시지를 주겠다는 생각으로 구성해야 한다. 한 가지 메시지를 명확하게 하기 위한 설명과 근거는 슬라이드에 다 넣지 않고 프레젠터의 설명으로 대체하면 된다. 프레젠터가 말로 풀어야 할 내용까지 장표에 넣으려는 욕심은 그 복잡성만으로도 주목도를 떨어뜨린다. 프레젠테이션 때 성공적인 장표 형식으로 평가된 파워포인트 양식의 도표, 그래프 등은 데이터베이스를 만들어 보관할 필요가 있다. 간결하면서 한눈에 이해가 쉬웠던 도식, 모형, 아이콘, 그래프는 따로 데이터베이스화해 정리해 놓으면 추후 다른 프레젠테이션에서도 유용하게 활용할 수 있다.

③ 강조

일반적으로 시선의 움직임은 위에서 아래로, 왼쪽에서 오른쪽으로 움직인다. 그래서 강조할 부분을 배치할 때 시선이 시작되는 '위'나 '왼쪽'에 배치하는 것이 좋다. 특히 강조할 때 단 하나의 숫자, 단 한 컷의 이미지만으로 장표를 만드는 것도 좋은 아이디어가 된다.

③ 순서와 장소, 분량 고민되네

① 경쟁 프레젠테이션, 몇 번째 순서가 좋은가?

경쟁 프레젠테이션 때 발표 순서와 같은 상황적 요소도 신경을 써야 하는 부분이다. 몇 번째로 프레젠테이션을 할 것인가? 비즈니스 프레젠테이션의 경우 프레젠터가 정할 수 있는 경우가 거의 없다. 대부분 주최 측에서 지원한 순서나 업체별 가나다순 등으로 일방적으로 정하지만 프레젠터에게 순서를 정할 기회가 주어진다면 청중의 발표 주제에 대한 이해도와 경쟁업체에 대한 정보를 참작해야 한다. 먼저 주제가 생소할 경우 첫 번째 순서는 피하는 것이 좋다. 생소한 주제는 청중에게도 새롭다. 그래서 첫 번째 프레젠테이션에선 그 새로운 주제를 이해하기 위한 궁금증이 많다. 첫 번째 프레젠터는 개념을 설명하기 바쁘고, 청중들은 해당 주제를 따라가기 바쁜 상황에 몰릴 수 있다. 이런 경우 청중들은 첫 번째 발표를 통해 생소한 주제에 대해 익숙해지고 두 번째, 세 번째 발표에서 이를 바탕으로 판단하는 경우가 많다. 또 함께 경쟁하는 업체의 발표 내용도 고려사항이다. 경쟁자의 프레젠테이션 내용에 대해 이미 어느 정도 알고 있다면 경쟁사보다 나중에 하는 것이 좋다. 경쟁사의 강점을 상쇄하게 만드는 내용 구성을 할 수 있기 때문이다. 물리적인 시간도 중요하다. 점심 식사 직전이나 직후, 퇴근 시간 직전 시간은 피하는 것이 좋다. 이때는 청중들의 마음이 산만해진다. 그래서 프레젠테이션에 대한 집중도가 낮아진다. 특히 점심 직후에는 졸음이 밀려와 청중들도 집중력을 잃기 쉽다. 프레젠테이션을 언제 할지 조절할 수 있다면 오전은 10시~11시, 오후는 3시~5시 사이가 효과적이다.

② 현장을 꼼꼼히 점검하라

프레젠테이션 장소는 참석 인원수에 따라 주최 측에서 결정한다. 이때 프레젠터는 소규모 회의실인지, 대규모 강당인지 등을 알아야 하고 이에 따라 마이크 사용 여부도 미리 점검해야 한다. 5명 이내 소규모 회의실에서 진행하는 경우 앉아서 프레젠테이션을 할 수도 있지만 10명 이상이면 되도록 서서 진행하는 것이 집중도가 높다. 청중이 많아질수록 청중과의 교감 형성이나 반응 파악 측면에서 서서 하는 것이 유리하다. 서게 되면 시야가 넓어지기 때문에 청중의 반응을 보며 분위기를 환기할 수 있기 때문이다.

동영상을 프레젠테이션에서 사용하려면 파워포인트 파일에 동영상을 결합하기를 권한다. 이때 용량이 커져서 가끔 작동이 안 되는 경우들이 있으므로 사전에 동영상 작동 여부도 확인해야 한다. 인터넷으로 연결해 동영상을 보여줘야 한다면 프레젠테이션 현장에 인터넷 연결이 제대로 되는지도 점검해야 한다. 인터넷 연결이 잘 안 된다면, 동영상은 내려받아서 파워포인트 슬라이드 안에 미리 결합해 놓아야 한다. 나는 용량이 커지는 문제가 있더라도 실수를 막기 위해 대부분 파일 안에 결합하는 방법을 선호한다. 그리고 30분 프레젠테이션에서 동영상을 활용할 때는 2~3분 사이로 편집하는 편이 좋다. 그보다 길어지면 주목도가 낮아지고 산만해지기 때문이다. 프레젠테이션이 20분 이내로 짧으면 1분 안팎으로 동영상 길이를 편집하는 것이 효과적이다.

포인터도 준비해야 한다. 중요한 것을 보여줄 때 해당 지점을 표시하거나 강조하려면 포인터가 유용하다. 프레젠테이션 주관부서에서 준비하는 때도 있지만 준비하지 않는 경우들도 있어서 포인터는 따로 챙겨가는 것이 좋다. 컴퓨터를 TV 화면으로 연결하는 프레젠테이션에서는 포인터가 TV 화면에 작동되지 않으므로 이때는 마우스나 손짓을 이용해 포인터를 대체하는 방법을 염두에 둬야 한다.

③ 발표 시간에 맞춰 편집하라

프레젠테이션 시간은 규칙이다. 일반적으로 프레젠테이션 시간은 정해져 있다. 청중들도 바쁜 시간을 쪼개서 참석하기 때문에 주최 측에서 미리 시간을 통제한다. 비즈니스 프레젠테이션의 경우 일반적으로는 30분 프레젠테이션과 10분 Q&A를 주문하는 경우가 많다. 또는 30분 이내에 Q&A까지 마쳐야 할 수도 있다. 시간은 청중과의 약속이자 경쟁사 혹은 경쟁부서와의 선의의 경쟁을 위해 지켜야 하는 기본 규칙이다. 시간을 맞추기 위해서는 장표마다 시간이 얼마나 소요될지를 예측해야 한다. 일반적으로 파워포인트 슬라이드 1장에 1분이 소요된다. 예를 들거나 설명이 길어지면 1분이 아니라 2~3분이 소요되기도 한다. 내가 어

디서 사례를 들고 어디서 추가 설명을 할지를 미리 결정하고 준비해야
한다. 시간을 예측하기 어렵다면 파워포인트에 30초나 1분 간격으로 자
동으로 슬라이드가 넘어가는 기능을 선택할 수도 있다. 정해진 시간에
대한 압박이 심하다면 고려해 볼 만한 방법이다. 그러나 나는 이 기능을
선호하지 않는다. 프레젠테이션은 상호작용이 이뤄지는 현장이다. 상황
에 따라 해당 장표를 더 길게 설명할 수도 있고 줄여서 설명할 수도 있
기 때문이다.

④ 리허설을 실전처럼

프레젠테이션 준비의 마지막 단계는 리허설이다. 무대 공포증을 벗
어나는 최선의 방법은 철저한 준비와 반복 연습밖에는 없다. 나는 지금
도 리허설을 꼭 한다. 가끔 프레젠터들이 발표 원고를 구체적으로 작성
하는 경우가 있다. 그러나 원고 작성은 부작용이 크다. 실제 프레젠테이
션 때 원고에 의존하다 보면 원고를 자꾸 보게 돼 청중과의 교감이 적어
지고, 부자연스러워진다. 프레젠터가 컴퓨터를 보면서 읽는다면, 그것은
원고를 그냥 주는 것과 별반 다르지 않다. 발표 원고를 작성하지 말고
핵심 단어만을 메모하라. 메모를 보고 프레젠테이션을 이끌어가는 것
이 유능한 프레젠터가 되기 위한 첫걸음이다. 물론 리허설을 할 때마다
조금씩 버전이 달라지기도 할 것이다. 그 또한 다듬어지는 과정이라고
생각해야 한다. 리허설 횟수가 많아질수록 훨씬 더 자연스럽게 이어지
는 것을 느낄 수 있을 것이다. 실전과 같은 리허설은 적어도 3회 이상 필

요하다고 본다. 물론 중요한 프레젠테이션이면 10번 또는 그 이상의 연습도 필요하다.

3회 리허설을 기본으로 할 때 점검해야 할 부분은 다음과 같다.

① 첫 번째 리허설은 이미 준비된 발표 원고대로 진행해 시간 준수가 가능한지, 시간 내 어떤 내용까지 전달할 수 있을지를 점검한다. 프레젠터 혼자 초시계를 켜놓고 첫인사부터 마지막 인사까지 예행 연습을 해봐라. 중간에 수정할 것이 있더라도 일단 표시만 해두고 처음부터 끝까지 마무리하는 것이 중요하다. 그래야 주어진 시간 내 전달할 수 있는 콘텐츠의 분량을 가늠할 수 있다. 강조할 장표와 힘을 빼고 간략히 짚고 넘어갈 장표를 표시해 둘 필요도 있다.

② 두 번째 리허설은 첫 번째 리허설을 보완한 내용으로, 발표 원고가 아닌 메모를 보면서 발표하고 시간을 점검한다. 첫 리허설 후 수정한 내용이 자연스럽게 스토리텔링이 되는지 점검한다. 두 번째 리허설 때도 시간 준수가 어렵고 정리가 안 된다면 시간 내에 정리가 될 때까지 다시 내용을 조정해서 반복해 연습해야 한다.

③ 세 번째 리허설은 가능하면 다른 사람들 앞에서 진행해서 반응을 점검하기를 권한다. 그게 현실적으로 어렵다면 동영상을 찍어 문제점을 파악한다. 이 방법으로 자신의 잘못된 습관이나 버릇을 발견할 수 있다. '많은', '엄청', '사실은' 등과 같이 불명확하고 습관적인 단어나 '에' '그리고'와 같은 불필요한 접속어를 많이 쓰는 경우도 드러난다. 또 자신도 의식하지 못하는 동작을 습관적으로 반복하는지도 알아챌 수 있다. 코를 만지거나 주머니에 손을 넣는 행위 등이 대표적이다. 동영상 촬영

은 잘못된 어투나 몸짓뿐 아니라 목소리의 고저, 강약, 속도, 발음 등을 점검할 수 있어 프레젠테이션 능력 향상에 효과적이다. 가족이나 친구 앞에서 리허설을 한다면 프레젠테이션 주제를 처음 접하는 사람도 쉽게 알아들을 수 있는지를 파악할 수 있다.

프레젠테이션 달인들은 얼핏 보면 즉흥적으로 하는 것처럼 자연스럽게 메시지를 전달한다. 하지만 달인들의 자연스러운 모습의 기저에는 정교하게 계산된 연습이라는 비밀이 숨겨져 있다는 사실을 잊어서는 안 된다. 때로는 실수까지도 의도한다. 실수인 척 보이게 하는 것이다. 집중도를 높이는 방법으로 이 같은 말실수를 하기도 한다. 예를 들어 갑자기 비속어를 사용하고 실수인 척 행동하는 프레젠터는 이후 말이나 행동으로 즉각 정정하지만, 이를 통해 청중의 웃음을 자아내고 집중도를 높이는 효과를 얻는다. 실제 즉흥 연설에 강한 명연설가였던 영국의 처칠 수상과 프랑스의 드골 대통령도 사전에 연설 원고의 작성과 수정에 많은 시간을 할애했다고 전해진다. '멋진 즉흥 연설'은 없다는 말이 있다. 즉흥 연설인 것처럼 하는 '준비된 연설'이 있을 뿐이다. 리허설을 반복할수록 프레젠테이션이 자연스러워지는 것은 당연한 일이다.

⑤ 경쟁 입찰 제안에 대한 대응

① 경쟁 입찰 참여 요청 시 신속 응대하라

경쟁 입찰은 신규 비즈니스 기회를 창출할 수 있어 기업 입장에서는 적극적인 대응이 필요한 과정이다. 프로젝트에 대해 제안 프레젠테이선을 할 때까지 사전 미팅과 조율과정이 이뤄진다. 비즈니스 이슈에 대해 제안해달라는 요구서(RFP: Request For Proposal)는 대부분 회사 이메일로 수신된다. 이미 프로젝트를 진행하고 있는 기업이나 지인의 추천으로 구두로 요청받는 경우도 있다. 다만 이 같은 요청에 신속히 대응할 필요가 있다. 요청을 받은 즉시 확인 메일이나 확인 전화를 해라. 구체적인 내용을 검토할 필요 없이 먼저 '요청을 받았다'는 내용과 '검토를 거쳐 답변하겠다'는 내용이 담기면 충분하다. 가끔 검토해서 결론이 나면 답변을 보내려고 미루는 경우가 종종 있다. 하지만 요청한 기업 입장에서 보면 아무런 답변이 없는 회사와 즉각적으로 반응하는 회사 간에 어디에 더 호감이 가겠는가? 사소한 회신 하나지만 사업의 기초를 닦는다는 마음가짐으로 대응하라. 이는 해당 기업의 요청을 중요하게 여기고 열정적으로 대응하고 있다는 신호를 줄 수 있다. 특히 전화나 구두로 요청받은 경우에도 구두로만 답하지 말고 다시 그 요청사항을 정리해서 확인하는 이메일을 보내라. 구두로 설명한 내용에 대해 상호 간에 이해와 확인을 위한 것이다. 구두로 얘기한 것은 증빙이 남지 않으며 불필요한 해석의 차이를 낳는 경우가 종종 생긴다.

② 옥석을 가려라

이메일로 잘 수령했다는 메일을 보낸 후에는 제안요청서를 검토해야 한다. 검토 후에는 전화나 이메일, 대면으로 제안요청서에 포함된 내용에 대해 문의하는 과정이 이뤄진다. 우선 전화로 대략적인 제안 요청의 배경이나 내용을 문의한다. 이미 동일 프로젝트를 반복해서 진행하고 있는 업체가 있는지, 예산 규모가 어느 정도인지, 몇 개 업체가 경쟁하고 있는지 등을 사전에 파악한다. 이 조건들을 통해 경쟁 입찰에 나설만한 프로젝트인지를 결정한다. 특히 의뢰 기업에서 현재 해당 프로젝트를 진행하고 있는 기업이 우수한 평가를 받고 있다면 수주 가능성은 희박해진다. 다만 내부 규정상 경쟁 입찰을 원칙으로 하기에 형식적으로 여러 업체에 제안 요청을 보내는 경우도 흔하다. 국내 대기업에 제안서를 제출한 경험이다. 세계 곳곳에서 이뤄질 브랜드 조사 관련 경쟁 입찰이었다. 수 일에 걸쳐 프레젠테이션을 열심히 준비했고, 현장에서의 반응도 좋았다. 그런데 결과는 실패였다. 추후 해당 기업에 인맥을 동원해 확인한 결과 이미 수년간 진행해온 업체가 있었기 때문에 경쟁 입찰 전에 기존 업체가 사실상 내정돼 있었다는 내부 분위기를 전해 들었다. 파격적인 제안이 아니라면 들러리가 될 수밖에 없는 상황이었던 것이다. 이런 경우는 비즈니스 현장에서 비일비재하다. 다소 불만스러운 환경이지만 단 1%의 가능성만 있어도 프로젝트를 포기할 수는 없기 때문에 입찰을 거부하기도 어려운 상황이다.

입찰에 참가하기 전 해당 프로젝트를 위한 예산 규모를 파악하는 것이 필요하다. 전체 프로젝트를 수행하기에 예산 규모가 턱없이 적다면 사실 이 프로젝트의 제안서를 작성하는 것 자체가 무의미할 수 있기 때문이다. 프로젝트는 예산의 지배를 받을 수밖에 없다. 해당 프로젝트의 예산 규모를 파악하지 못하면 예산 규모에 어울리지 않는 황당한 제안을 할 수 있고, 결과는 예상될 것이다. 다만 정확한 예산 규모는 발주처에서 밝히기를 꺼려 하는 경우가 적지 않다.

사전 조사에서 수주 가능성이 있는 프로젝트라고 판단될 경우 대면 미팅에 적극적으로 나서라. 전화나 이메일은 서로의 얼굴을 보지 않은 상태로 진행돼 구체적이고 상세한 얘기를 하기 어렵고, 고객이 진정으로 원하는 바를 파악하는 데도 한계가 있다. 실제 경험상으로 볼 때 제안서를 내기 전에 대면으로 미팅을 진행한 경우의 비즈니스 수주 성공 확률이 이메일이나 전화로만 연락해 제안서를 제출한 경우보다 훨씬 더 높았다. 그만큼 대면 미팅은 해당 기업이 무엇을 원하는지, 무엇을 해결하고 싶어 이 제안을 요청했는지를 파악하기 쉽다. 즉 평가의 기본 틀을 확인하는 과정이다. 때로는 기업에서 제안요청서를 보내기 전에 내용을 구체화하기 위해 미팅을 먼저 제안하기도 한다. 그것은 해당 기업에서도 그 프로젝트의 중요성이 높아 설명의 필요성을 인지하기 때문이다.

③ 사전 대면 미팅에 적극 나서라

대면 미팅 일자를 정하면 미팅 전에 해당 기업의 현황과 현안을 조사한다. '왜 이런 제안을 했을까' 하는 배경을 파악하기 위해서다. 해당 기업 대표(CEO)의 신년사나 최근 인터뷰 내용을 살펴봐야 한다. 그 기업이 올해 어떤 비전과 목표로 회사를 운영하는지에 대한 단서가 나올 수 있다. 여기에 기업의 현재 비즈니스와 브랜드 상황, 보유 브랜드 및 제품, 경영진, 최근의 이슈 등을 인터넷을 통해 미리 수집한다. 그래야 처음 만나서 얘기를 할 때, 우리가 이번 제안을 위해 준비된 팀이며 진정성이 있다는 인상을 심어줄 수 있다.

스몰 토크(Small Talk)[7]를 활용하라

사전 미팅이 시작되기 전 담당자들과 회의실로 이동하거나 공식 면담 전에 짧은 순간들이 생긴다. 첫 만남이기에 자칫 어색한 침묵이 흐를 수 있다. 이럴 때 미리 파악한 기업의 내용을 바탕으로 친근감 있게 대화를 유도해라. 날씨나 교통 같은 주제의 가벼운 얘기들이 오가는 경우가 많다. 여기에서도 재치를 발휘하면 분위기가 한층 더 편안해진다. 예를 들어 "회사까지 오시는 데 불편함은 없으셨나요?" 같은 물음이 오면, 이동거리가 짧다면 "저희 회사도 이곳에서 가까운 곳에 있습니다. 그래서 이슈가 있으면 이렇게 빨리 와서 협의드릴 수 있습니다."처럼 지리적 이점을 활용해 순발력 있게 대답하면 호감도를 높인다. 원거리였다면 "멀어도 중요한 프로젝트인데 뵙고 얘기를 나눠야지요. 그래서 달려왔습니다."처럼 프로젝트에 대한 애정을 표현해라. 비즈니스에 대한 관심을 드러내는 대화도 좋다. 사전 조사한 내용을 바탕으로 "요즘 ○○제품이 새로 나왔던데 시장 반응이 좋던데요."라는 식으로 비즈니스 관련 긍정적 소재로 화제를 꺼낼 수 있다.

그러나 부정적 이슈로 제안 요청을 할 경우에는 진지한 접근 방식이 적합하다. 기업 제품에 대한 불매운동, 부정적 이슈 타개 방안 등을 논의할 때는 전체 미팅 분위기 자체가 이미 무거울 것으로 예상되므로 가벼운 얘기보다는 신중한 접근이 필요하며 본론으로 바로 들어가는 것이 낫다.

---

7   누군가와 처음 만났을 때 어색한 분위기를 누그러뜨리는 가볍고 소소한 대화

먼저 들어라... 제안요청서에 드러나지 않은 의도를 파악해라

제안 프레젠테이션 전 미팅의 주 목적은 제안 요청 의도에 대한 명확한 이해를 공유하기 위한 것이다. 수동적으로 미팅에 임하지 말고 사전 미팅 전에 제안요청서 내용 중에 궁금한 내용 목록을 준비해라. 특히 이 과정에서 제안 의뢰를 한 기업이나 담당자로부터 제안 내용에 대해 좀 더 구체적으로 설명해 줄 것을 요청하고 충분히 들어라. 호응하고 공감할수록 더 많은 이야기를 쏟아낸다. 거듭 말하지만 충분히 들어라. 비즈니스 성과로 이어지려면 해당 기업의 욕구를 정확히 알고 이를 해결할수 있는 방법으로 프레젠테이션 콘텐츠를 구성하는 전략을 짜야 한다. 사막에서 더위에 지친 사람에게는 다이아몬드보다 물 한 잔이 더 절실하다. 상식적인 틀 안에서 생각을 한정시키지 말라는 조언이다. 제안요청서만으로는 드러나지 않은 배경이나 목적을 파악하는 데 주력하라. 공식적인 요청서에는 담을 수 없는 내부적인 현안이나 배경이 있을 수 있다. 이 부분이 사전 대면 미팅의 장점이다. 기업이 제안을 통해 얻고자 하는 목적을 명확히 이해했다면 사전 미팅의 효과는 충분히 발휘된 것이다. 사전 대면 미팅으로 원하는 정보를 모두 얻을 수는 없겠지만 대면 미팅은 전화나 이메일로 얻을 수 있는 정보보다는 알찬 정보를 챙길 수 있는 기회임을 확신한다.

사전 미팅은 제안 프레젠테이션이라는 본 게임을 앞두고 제안 요청을 한 당사자들과 안면을 익히는 부가적인 효과도 있다. 프레젠테이션 현장에서 첫 만남을 가지는 것보다는 프레젠테이션 현장 분위기가 훨씬 편안할 것 아닌가.

사전 미팅은 사전 영업현장이다

사전 미팅에서 프로젝트에 어떻게 접근할 수 있는지, 우리 회사가 어떤 부분에 경쟁력이 있는지 등 대략적인 설계도를 던져줘라. 어떤 결과물을 기대할 수 있는지를 보여주는 맛보기 과정이다. 프로젝트에 대한 자신감과 함께 이전에 유사한 경험을 소개하며 전문성을 호소할 수도 있다. 이 같은 과정에서 나타나는 해당 기업의 반응은 프레젠테이션에서 어느 부분을 강조할지에 대한 암시가 되기도 한다.

경험파일

금융사에 조사를 제안했던 경험이다. 수주 가능성이 있다는 판단 아래 사전 대면 미팅을 적극 요청했다. 사전 미팅에서 해당 금융사가 왜 제안 요청을 했는지, 무엇을 얻고 싶은지, 내부 경영진의 의도는 무엇인지를 경청했다. 여기에 추가 질문을 통해서 조사 결과를 어떻게 활용할지까지 종합적으로 파악했다. 사전 미팅 자리에서 해당 금융사가 요구하는 분야에 대한 우리 측 경험을 소개하고, 조사 목적을 달성할 수 있는 방법은 물론 어떤 결과를 얻을 수 있는지까지 대략적인 청사진을 제시했다. 제안을 의뢰한 금융사 실무진은 조사 의뢰를 기획할 때 미처 생각하지 못한 부수적인 조사에 흥미를 갖고 관심을 표했다. 그리고 '그 부분을 제안서에 넣으면 설득력이 있을 것 같다'는 조언도 덧붙였다. 사전 미팅의 효과였을까? 해당 금융사 실무진들은 실제 제안 프레젠테이션에 대한 일정과 발표 순서를 정할 때에도 우리 측 입장을 적극 반영해 줬고, 제안 프레젠테이션 이후에 우리가 제안한 입찰 가격이 타 업체보다 높았음에도 불구하고 사전 미팅 때 들었던 프로젝트 수행 역량과 경험을 회사 내부에 보고해서 우리 측 수주에 큰 힘을 보태줬다. 후일담이지만 경쟁업체들은 대면 미팅에 나서지 않고, 제안 요청서를 이메일로 보낸 뒤 프레젠테이션 현장에 나왔다. 대면 미팅과 사전 조율의 중요성을 보여준 인상적인 경험이다.

경험파일

　　대기업의 '글로벌 마케팅 활동 사후 평가 조사'와 관련한 제안 경험이다. 그 기업의 브랜드는 국내와는 달리 해외에서는 아직 인지도가 높지 않은 상황이었다. 브랜드 위상을 높이기 위한 마케팅 활동을 전개했고 그 효과를 검증하기 위해 제안을 요청한 상황이었다. 우리 회사에 처음 조사를 의뢰한 기업이기에 대면 미팅을 제안했다. 대면 미팅을 통해 제안서에는 포함되지 않았던 그 대기업이 안고 있는 본사와 해외법인 간의 불편한 관계를 알 수 있었다. 본사와 해외법인이 마케팅 활동을 각자 다른 방식으로 진행하고 있는 사실도 전해 들었다. 이와 함께 이번 조사 결과를 본사와 해외법인의 성과 지표로 활용하고자 하는 의도도 파악할 수 있었다. 사실 제안요청서에는 본사와 해외법인의 갈등과 같은 예민한 부분까지 담지는 않는다. 그 자리에서 마케팅의 주요 성과 지표에 대해 설명했고, 브랜드가 성장하면서 주요 지표로 삼아야 할 보조 지표들에 대해서도 간단히 브리핑했다. 일단 아직 인지도가 높지 않다면 보조인지도(브랜드를 제시했을 때 그 브랜드를 안다는 응답)를 50%까지는 높이는 데 힘을 기울여야 브랜드 연상이 활성화된다는 조언도 덧붙였다. 다른 브랜드들의 해외진출 사례까지 곁들여 설명해줬다. 사전 미팅에 참석했던 해당 기업의 실무진은 조사의 기본 틀을 인식할 수 있었다고 전하며 만족해하는 표정이었다. 사전 미팅을 통해 프레젠테이션 전에 우리 측과 긍정적인 분위기가 형성됐다. 미팅을 통해 얻게 된 정보를 토대로 제안서에서 강조할 부분이 명확해졌고 결과적으로 최종 수주에도 성공할 수 있었다. 대면 미팅을 하지 않았으면 조사 시작의 발단이 된 본사와 해외법인 간의 갈등의 내용을 알 수 있었을까?

 알맹이

Chapter 01 프레젠테이션 WARMING-UP

1. 최종 점검은 프레젠터의 몫

발표 슬라이드에 브랜드명, 이름, 로고의 오기에 주의하라. 프레젠테이션 전체 신뢰도를 떨어뜨리게 된다. 중요 슬라이드는 표시를 미리 해두는 게 좋다. 갑자기 발표 시간이 줄어들거나 늘어날 경우에 대비할 수 있다.

2. 파워포인트 활용 TIP

전체 슬라이드의 통일감이 중요하다. 그 통일감은 글자 크기와 글꼴, 색채 등에서 함께 구현된다. 슬라이드는 간결하게 구성해 한눈에 보기 편하게 제작하라. 단 하나의 숫자, 단 한 컷의 이미지만으로 슬라이드를 만드는 것도 좋은 아이디어다.

3. 순서와 장소, 분량 고민되네

- 발표 주제가 생소할 경우 첫 번째 순서는 피하는 것이 좋다. 경쟁사의 프레젠테이션 내용을 어느 정도 알고 있다면 경쟁사보다 나중에 하는 것이 좋다. 경쟁사의 강점을 상쇄할 수 있기 때문이다.
- 발표 현장을 점검해 마이크 사용 여부, 동영상 구현 여부 등을 꼼꼼히 확인하고 포인터도 미리 준비하라.
- 발표 시간을 맞추기 위해 파워포인트 장표마다 시간이 얼마나 소요될지를 예측해야 한다. 일반적으로 파워포인트 슬라이드 1장에 1분이 소요된다.

4. 리허설을 실전처럼

실전과 같은 리허설은 적어도 3회 이상 필요하다. 첫 번째 리허설은 발표 시간에 맞출 수 있느냐를 파악하고, 두 번째 리허설은 첫 리허설에서 수정된 내용이 스토리텔링 방식으로 자연스럽게 연결되는지를 점검한다. 세 번째 리허설은 실전처럼 하라. 세 번째 리허설은 가능하면 다른 사람들 앞에서 진행해서 반응을 점검한다. 현실적으로 어렵다면 동영상을 촬영해 점검한다.

5. 경쟁 입찰 제안에 대한 대응

경쟁 입찰 참여 요청 시 신속 응대해 프로젝트에 대한 열정과 애정을 보여줘라. 프로젝트의 목적과 예산 규모 등 제안의 배경을 검토해 입찰 참여 여부를 결정하고, 입찰에 참여할 경우 되도록 사전 대면 미팅을 적극 추진하라. 제안 요청서에 담기지 않은 의뢰 목적과 배경을 파악하는 소중한 기회다.

CHAPTER 02 프레젠테이션 READY

① 겉모습도 프레젠테이션 하라

프레젠테이션을 준비할 때 먼저 마음가짐을 다잡는 것과 함께 겉모습도 프레젠테이션에 적합하게 연출해야 한다. 프레젠터는 복장뿐 아니라 표정과 자세, 태도 등 외형적인 노출이 많다. 세련되고 전문적인 이미지는 긍정적인 효과에 기여한다. 특히 옷차림은 신경을 써야 할 부분이다. 기업들이 예전에는 정장 차림을 선호했지만, 최근엔 이른바 세미 캐주얼[8] 즉 간단한 정장 스타일도 자연스럽게 받아들이는 분위기다. 비즈니스 환경이 변했기 때문이다. 대기업의 경우 5~6년 전만 해도 직원 대부분이 양복을 입고 업무에 임했으나 현재는 캐주얼 복장으로 바뀐 곳이 많다. 광고나 게임과 같은 창의성을 요구하는 업계 직원들의 복장은 더 자유롭다.

그러면 적절한 프레젠테이션 옷차림을 생각해보자. 세 가지를 참고해라. 첫째 기업의 전반적인 분위기를 고려한다. 기업의 분위기가 엄격

---

8   일상복보다는 격식을 차리고 정장보다는 편안하게 입은 복장

하다면 되도록 정장을 입는 것이 좋다. 정장은 남자라면 넥타이에 양복, 여성은 치마든 바지든 재킷을 갖춰 입는 것을 권한다. 기업 분위기가 자유로울 땐 세미 캐주얼이 적합하다. 남성은 넥타이를 매지 않는 셔츠와 재킷, 면바지에 스니커즈도 나쁘지 않다. 나는 프레젠테이션 할 때 대부분 재킷을 입는다. 스티브 잡스처럼 청바지에 목이 긴 티셔츠만 입어도 그 자체로 하나의 아이콘처럼 인정되는 경우가 아니면 기본을 갖추는 게 무리가 없다. 둘째, 청중의 연령을 고려해야 한다. 대학생 앞에서 프레젠테이션 하는데 넥타이에 셔츠를 갖춘 정장을 입을 필요는 없지 않은가? 그러나 임원진을 대상으로 프레젠테이션을 할 때는 재킷을 입기를 권한다. 단정하면서 전문가 분위기를 보여주는 데 유리하다. 청중의 시선을 빼앗을 정도의 독특한 옷차림은 어떤 경우든 적절치 않다. 셋째, 발표할 때 불편하지 않아야 한다. 프레젠테이션 하면서 몸짓을 하거나 이동할 때 발표자 본인이 불편하면 움직임이 어색하고, 발표 내내 행동이 자연스럽지 못하다. 여성인 나는 일반적으로 바지 정장을 선호한다. 치마를 입게 되면 여성성이 강조되는 느낌이 들고, 동작할 때 개인적으로 불편함을 느끼기 때문이다. 이런 부분은 개인차가 있어서 프레젠터가 본인의 성향을 고려해서 프레젠테이션에 방해가 되지 않는 옷을 선택하면 된다. 너무 꽉 끼는 옷은 본인은 물론 청중도 불편해할 수 있다.

　의상 색깔이나 디자인은 튀지 않는 것이 좋다. 의상 디자인이나 색깔이 지나치게 눈에 띄면 청중들이 프레젠터의 복장에 시선을 뺏겨 주목도가 떨어질 수 있다. 여성 프레젠터라면 액세서리도 마찬가지다. 너무 큰 귀걸이나 목걸이도 시선을 끌게 된다. 프레젠터의 개성은 존중되어야 한다. 하지만 비즈니스 프레젠테이션에서 겉모습은 입에 오르내리지 않을 정도가 좋다. 청중을 프레젠테이션 내용에 집중시키는 게 프레젠터의 기본 덕목이기 때문이다.

● **복장: 기업 분위기와 청중을 고려**

② 목소리 관리도 놓치지 마라

쉰 목소리가 나거나 이물감이 있어 기침을 자주 하면 본의 아니게 집중도를 떨어뜨린다. 프레젠테이션 전날부터 목 상태가 최상을 유지하도록 관리해라. 프레젠테이션 현장 도착 전에는 목을 한 번 더 풀어주는 게 좋다. 프레젠테이션 현장으로 가는 내 가방에는 항상 목캔디와 물 한 병이 들어 있다. 프레젠테이션 전과 도중에 물을 충분히 마셔 성대에 수분을 공급해야 한다. 목이 건조하면 목소리에 영향을 미친다. 또 프레젠테이션을 앞두고 심리적인 안정을 유지하도록 노력해라. 목소리의 갈라

짐은 때로는 긴장과 스트레스에서 오는 경우가 적지 않기 때문이다. 프레젠테이션을 연습하기 전 발성 연습으로 목소리를 푸는 습관을 들여라. 단조로운 어조는 프레젠테이션의 매력을 떨어뜨릴 수 있다. 목소리의 고저를 활용해 역동성을 높이면 전달력이 향상된다. 너무 빨리 말하면 청중이 따라가기 어려울 수 있으니 피하고, 너무 느리게 말하면 집중도가 떨어질 수 있으니 주의하라. 특히 발표 장소와 청중의 규모에 따라 소리의 크기를 조정해야 한다. 소리 지르지 않고 자연스러운 목소리를 내는 연습을 하고 필요한 경우 마이크를 사용해 전달력을 높여야 한다. 프레젠터 가운데 마이크를 통한 목소리가 자신의 목소리 같지 않다는 반응을 보이는 경우도 적지 않다. 최대한 자연스러운 접합점을 찾도록 노력해야 한다. 말의 속도, 크기, 어조 등의 변화는 감정을 전달하고 청중의 관심을 유지하는 데 중요한 요소다. 프레젠테이션을 연습할 때 목소리를 녹음해 음성과 속도, 발음을 점검하라. 특히 이 과정에서 '음', '어' 같은 불필요한 음성을 남발하는 습관도 발견할 수 있다.

③ 30분 전 도착하라

프레젠테이션 장소에는 일반적으로는 30분 전 도착을 추천한다. 발표장에 도착해 점검해야 할 사항들이 있기 때문이다. 도착 시간이 늦게 되면 마음이 조급해지고 긴장감이 더 높아진다. 미리 여유 있게 도착할 수 있도록 출발하는 습관을 들여라. 지각도 습관이다. 학창 시절을 떠올려보면, 지각을 자주 하는 학생이 꼭 지각한다. 등록 절차는 사전 확인이 필수적이다. 기업 간 경쟁 프레젠테이션의 경우 발표장에 들어가는 과정에서 신분증을 요구하는 때도 있고 일부 기관에선 참석자의 인적 사항을 미리 통보해놓아야만 발표장에 들어갈 수 있게 하는 경우도 있다. 등록 절차를 사전에 확인하지 않으면 프레젠테이션 현장에 도착해 우왕좌왕하며 시간을 허투루 쓰기 쉽다. 프레젠테이션 장소에 도착하는 즉시 등록 절차에 따라 입장을 빠르게 완료해라. 발표 현장으로 바로 들어갈 수 있다면 마이크와 컴퓨터, 빔프로젝터 등 프레젠테이션에 필요한 장비를 확인한다. 마이크 작동 여부는 물론 소리가 너무 크거나 작지 않은지도 시험해라.

프레젠테이션 현장에는 몇 명이 함께 가는 것이 좋을까? 나는 발표자를 포함해 3명이 함께 가기를 추천한다. 발표자 외에 한 사람은 프로젝트를 함께 한 동료로 구성해라. 프레젠터의 요청이 있을 때 현장에서 즉각 관련 자료들을 찾거나 내용을 알려줄 수 있는 조력자 역할이다. 나머지 1명은 경험이 많은 선임자가 적당하다. 프레젠터가 프레젠테이션 과정에서 어려움을 겪을 때나 돌발상황이 발생할 때 유연하게 대응할 수 있게 도움을 줄 수 있기 때문이다. 선임자의 경험과 연륜은 예상치 못한 상황에서 빛을 발한다.

④ 자료가 '최종본'임을 확인하라

최종 발표 자료가 맞는지, 장표들은 순서대로 정리돼 있는지, 오탈자나 숫자 오기는 없는지 마지막 점검한다. 종종 발표 준비 과정에서 수정

한 부분이 제대로 반영되지 않은 파일이 발표 자료로 저장되는 경우가
발생하는데 이때 프레젠터는 당황할 수밖에 없다. 발표 자료를 많이 수
정하다 보면 생기는 실수다. 그래서 수정할 때마다 Version 1, 2, 3 식으
로 Version을 나눠서 저장하는 습관이 중요하다. 최종본에는 꼭 '최종'
이라고 표시를 하고 저장해야 실수가 없다. 발표 자료를 저장한 USB나
컴퓨터도 점검한다. 기업에 따라 미리 발표 자료를 보내서 해당 기업에
서 자료를 시현하기도 하는데, 각자 컴퓨터를 가져가 연결해서 진행하
기도 하므로 어떤 방식으로 진행되는지 사전에 프레젠테이션 주관부서
에 확인해야 한다. 외부 컴퓨터를 기업 내부로 들고 들어갈 때 사전 등
록하는 절차를 거칠 수도 있다. 보안 때문이다. 이런 부분까지 확인이
필요하다.

 경험파일

대기업의 임원진 대상으로 마케팅 조사 결과를 보고하는 프레젠
테이션을 진행했을 때 경험이다. 데드라인까지 프레젠테이션 장표를
수정한 뒤 프레젠테이션 파일을 해당 기업에 이메일로 보내고 현장에
도착했다. 해당 기업에서 파일을 열어주는 방식이었다. 그런데 현장에
서 확인한 결과 프레젠테이션 파일은 최종본이 아니었고 막바지에 수
정한 부분이 저장돼 있지 않았다. 프레젠터도, 해당 기업 담당자들도
당황했다. 다행히 최종 작업을 했던 컴퓨터를 가져왔기에 프레젠테이
션을 별 탈 없이 진행할 수 있었다. 그런데 해당 기업에서는 사전 등록
되지 않은 컴퓨터는 봉인한 채로 기업 내부로 가지고 들어가야 하는
데 급한 마음에 그 봉인을 해제하고 컴퓨터를 사용한 것이 문제였다.

프레젠테이션을 마치고 나가는데 해당 기업의 보안팀이 봉인을 해제한 것을 문제 삼았다. 소명 절차만 3시간 가까이 걸렸다. 해당 컴퓨터를 소지했던 우리 쪽 스태프는 보안사항 위반으로 몇 개월간 해당 기업의 출입이 금지됐다. 이 일을 계기로 프레젠테이션 원고의 최종본 여부에 대한 확인을 두 번, 세 번 반복하는 습관이 생겼다.

⑤ 발표 시간 단축에 대비하라

숙련된 프레젠터일수록 발표 시간이 늘어나든, 줄어들든 시간 내 핵심 내용을 정확히 소화한다. 마치 방송에서 유능한 진행자는 필요에 따라 시간을 끌기도 하고, 짧은 시간 안에 자연스럽게 마무리도 한다. 하지만 핵심 내용이 빠지지는 않는다. 다년간 브랜드 조사를 한 업체 사례다. 그 업체에 브랜드 조사 결과를 보고하는 프레젠테이션은 항상 시간이 고무줄이다. 처음에는 30분을 주문하는데 막상 프레젠테이션 당일에는 참석 임원들의 회의 때문에 20분으로 줄여 달라거나, 프레젠테이션은 10분만 핵심을 설명하고 자료로 대체해 달라는 요구까지 나온다. 프레젠터의 순발력이 이때 발휘된다. 먼저, 준비했던 파워포인트의 많은 장표를 숨김 처리해라. 그게 가능하기 위해서는 발표할 내용의 핵심 장표와 부연하는 부속 장표를 사전에 꿰고 있어야 한다. 30분 분량으로 준비된 내용을 갑자기 20분으로 줄이는 경우 내용의 1/3을 덜어내야 한다. 현장에서 장표 삭제나 수정은 어려우니 중요 장표를 선택해 살리고,

일부 장표는 숨김 처리하는 방식으로 조치한다. 장표들을 그대로 둔 채 빨리 말하는 방식으로 프레젠테이션을 한다면 당연히 전달력이 떨어진다. 시간 내 인식할 수 있는 정보에는 한계가 있다. 예를 들어 광고에서 30초 광고를 15초로 편집할 때 장면을 삭제하지 않고 장면 전환 속도를 빠르게 하면 소비자들이 이해할 수 있을까? 같은 현상이다. 15초 내에도 똑같은 공감을 얻을 수 있도록 재편집하는 것이 광고 제작자의 역량이다. 경쟁 프레젠테이션에서 앞선 경쟁사의 프레젠테이션이 길어져 우리 팀에게 사전에 할당된 1시간이 40분으로 줄어든 때도 있었다. 주최 측은 프레젠테이션 청중인 경영진의 다음 일정 때문에 종료 시각은 맞춰야 한다며 우리 발표 시간을 줄여 달라고 요청했다. 다소 억울한 경우지만 이런 일도 현장에서는 종종 발생한다.

⑥ 발표 환경 변화에 적응하라

① 온라인 프레젠테이션 대응은?

코로나 19 팬데믹 이후 온라인 프레젠테이션이 부쩍 늘었다. 처음에는 청중이 보이지 않아 온라인으로 진행하는 것이 낯설고 어색했다. 프레젠터인 나는 카메라를 켜지만 프레젠테이션을 듣는 참석자들은 카메라를 켜지 않는 때도 있다. 그럴 때 듣고 있는 청중의 반응을 파악하기가 불가능하다. 벽을 보고 말하는 느낌이다. 그래서 나는 온라인 프레젠테이션을 할 때는 가능하면 참석자들에게 카메라를 켜도록 유도한다. 그래야 상대방의 반응을 볼 수 있고 질의, 응답도 할 수 있기 때문이다.

이제 온라인 프레젠테이션 기회는 점점 늘어날 것으로 예상된다. 프레젠터들도 익숙해져야 한다.

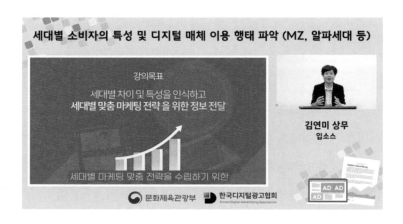

온라인 프레젠테이션을 할 때는 오디오와 비디오에 대한 사전 점검이 가장 중요하다. 초기 온라인 프레젠테이션을 할 때 오디오가 안 들리거나 연결 오류가 있어서 컴퓨터를 다시 껐다가 켜고, 온라인 화상회의 도구인 팀즈나 줌을 다시 로그인하는 과정을 겪은 경험이 있을 것이다. 이 같은 오류가 발생하면 청중들은 시작부터 지치게 된다. 온라인 프레젠테이션 10분 전에는 모든 시스템이 완벽하게 구현되도록 준비해라. 그리고 프레젠테이션 할 때는 참석자 오디오를 꺼두고 질의, 응답할 때만 켜도록 전달한 뒤 시작하라. 참석자들의 오디오를 묵음 처리하지 않으면 오디오가 울리거나 프레젠테이션 하는 동안 잡음이 많아서 프레젠테이션이 산만해질 수 있다. 온라인 프레젠테이션이 활성화되지 않았을 때는 묵음 처리가 제대로 되지 않아서 아이들 우는 소리, 전화벨 소리

등이 전체 회의를 방해한 경험이 적지 않았다. 모두 세심한 주의를 기울이지 못해 발생한 불협화음이다.

② 프레젠테이션을 앉아서 할 때 요령은?

프레젠터가 서서 프레젠테이션을 진행하는 경우 전체 청중을 바라보면서 그 반응을 느낄 수 있어 효과적이지만 청중 규모가 작거나 청중이 많더라도 컴퓨터 모니터가 각각의 책상에 배치돼 개별 모니터를 통해 프레젠테이션 내용을 보게 될 경우, 앉아서 발표하는 경우가 종종 생긴다. 앉아서 진행하는 프레젠테이션은 시야의 한계로 청중과의 교감이 줄어들 수밖에 없는 반면 같은 눈높이에서 프레젠테이션이 진행되기 때문에 상대적으로 프레젠터의 마음이 편안해지는 장점이 있다. 다만 이때 모니터에만 집중하지 않도록 주의를 기울여라. 앉아서 진행하더라도 가능한 시야 안에서 청중들의 반응을 살피려 노력해야 한다는 의미다. 특히 앉아서 하는 경우 청중들은 프레젠터의 모습보다는 목소리에 집중하기 때문에 소리의 전달력을 잘 점검해야 한다. 프레젠터가 잘 보이지 않는데 목소리마저 제대로 들리지 않으면 프레젠테이션의 전달력이 현저히 떨어지기 때문이다. 작은 공간이라 할지라도 필요할 경우 마이크 사용 여부를 결정해야 한다.

또 자세에도 신경 써야 한다. 프레젠터 주변에 있는 청중은 프레젠터와 상대적으로 가까이 있기 때문에 프레젠터의 움직임에 민감하다. 그래서 다리는 꼬고 앉는 것보다는 모아서 가지런히 놓는 게 좋다. 다리를 꼬고 앉게 되면 자칫 거만해 보일 수 있다. 앉아있는 테이블의 하단이 뚫려있거나 투명하게 돼 있는 경우 다리의 모습이 그대로 노출되기 때문에 특히 주의해야 한다. 그리고 서 있는 자세와 달리 탁자 앞에 앉아 있을 때 무의식적인 버릇이 있는 경우도 사전에 인식하고 자제해야 한다. 예를 들면 손가락으로 탁자를 두드리는 버릇을 보이는 경우도 본 적이 있다. 의자도 잘 살펴봐라. 회의실 의자 가운데는 바퀴가 달린 의자가 적지 않다. 회의실에서 프레젠테이션을 하는 경우 자칫 몸의 움직임에 따라 의자가 지나치게 이동해 어색한 상황이 연출되기도 한다. 이 또한 청중들의 집중력을 빼앗는 행위다.

 알맹이

Chapter 02 프레젠테이션 READY

1. 겉모습도 프레젠테이션 하라

   프레젠테이션 옷차림은 기업의 전반적인 분위기와 청중의 연령, 직급을 고려
   해야 하며 단정하면서 전문가의 분위기를 풍길 수 있어야 한다. 또 발표할 때
   불편하지 않아야 한다.

2. 목소리 관리도 놓치지 마라

   발표 전엔 목 관리에 유념하고 발표날엔 목캔디와 물 한 병을 준비하라.

3. 30분 전 도착하라

   30분 전에 도착해 등록 절차를 신속히 마쳐라. 발표장의 마이크와 컴퓨터, 빔
   프로젝터 등 프레젠테이션에 필요한 장비를 점검한다.

4. 자료가 '최종본'임을 확인하라

   자료를 수정할 때마다 Version 1, 2, 3 식으로 저장하는 습관이 중요하다. 최
   종본에는 꼭 '최종'이라고 표시해야 실수가 없다.

5. 발표 시간 단축에 대비하라

   발표 시간이 주최 측의 사정에 따라 변동되는 상황에 대비하라. 준비한 프레
   젠테이션의 장표를 중요도 순으로 빠르게 조정하는 순발력을 길러야 한다.

6. 발표 환경 변화에 적응하라

   • 온라인 프레젠테이션의 경우 가능하면 참석자들에게 카메라를 켜도록 유도
   한다. 반응 파악이 가능하고 질의, 응답도 할 수 있기 때문이다. 프레젠테이
   션 진행 중에는 참석자 오디오는 묵음 상태로 하도록 요청한다. 그래야 산만

해지지 않는다.

- 앉아서 프레젠테이션을 진행하는 경우엔 목소리의 전달력을 점검해라. 다리를 꼬고 앉지 말고 바퀴 달린 의자의 경우 몸의 균형을 잃지 않도록 주의하라.

CHAPTER

03 　 프레젠테이션 START

① 첫 5분 안에 현장에 적응해라

　　이제 온전히 프레젠터의 시간이다. 프레젠테이션의 첫인상은 인사
에서부터 시작된다. 인사할 때 유의해라. 프레젠테이션을 시작하자마자
'안녕하세요'라는 말과 고개를 숙이는 행동이 동시에 이뤄지면 때론 어
수선한 상황이 지속되기도 한다. 청중들이 인사를 받을 준비가 되어 있

는지를 확인하지 않았기 때문이다. 미소 띤 얼굴로 청중을 한번 쭉 둘러보고 약간의 시차를 두면 청중들이 프레젠터를 인식한다. 그때 '안녕하세요' 또는 '반갑습니다'라는 말로 인사말을 먼저 한 뒤 고개를 숙여라. 미국 다트머스대 심리학과 폴 왈렌 교수에 의하면 인간의 뇌는 0.017초라는 짧은 순간에 상대방에 대한 호감이나 신뢰 여부를 판단한다고 한다. 즉 0.1초도 안 되는 시간이다. 심리학에서는 '초두효과(Primary Effect)'라는 개념이 있다. 처음 입력된 정보가 나중에 습득하는 정보보다 더 강한 영향력을 발휘하는 것을 말한다. 우리 뇌는 찰나의 순간에 본능적으로 상대방에 대한 호감 여부를 결정하고 지속하는 것이다. 첫인상의 중요성을 말하는 대목이다. 인사 후 첫 5분이 중요하다. 매력적인 오프닝으로 시작해라. 주제와 관련한 인용문이나 놀라운 사실, 일화 등으로 시작하면 처음부터 청중을 사로잡을 수 있다. 청중에게 흥미로운 질문을 던지면서 주목도를 높이는 방법도 있다. 5분 이내에 프레젠터도 발표 현장에 적응해야 한다. 처음에는 다소 목소리가 떨릴 수도 있고 속도 조절이 안 돼 말이 빨라질 수도 있다. 5분 이내에 평상시 어조와 속도로 안정을 찾는 게 필요하다.

② 침묵과 몸짓은 또 다른 언어다

자신감 있는 어조로 말의 강약, 높낮이를 활용하라

'~인 것 같습니다', '~로 보입니다'보다는 '~입니다'라고 표현해야 신뢰감을 준다. 우리는 사실 단정적으로 말하는 것에 익숙하지 않다. 전통적으로 자신을 겸손하게 낮춰 얘기하는 것이 미덕이라고 생각해 제삼자적 관점으로 객관화하거나 주도적 어휘보다는 수동적 어휘로 조심스럽게 표현하는 습관이 배어있기 때문이다. 확실하지 않아 검증이 더 필요한 사항이라면 '~인 것 같습니다'라는 조심스러운 표현을 사용할 수 있지만 검증된 것이라면 되도록 '~입니다'로 말하는 것이 청중들에게는 더 호소력 있다. 간결한 표현도 필수다. '설명해 드리도록 하겠습니다'보다는 '설명하겠습니다', '~하는 것으로 알고 있습니다'보다는 '~하고 있습니다' 등으로 바꿔 말하는 습관을 들이자. 작은 변화지만 말이 분명해지는 효과가 있다.

말의 강약이나 높낮이도 고려해야 한다. 일관된 어조의 프레젠테이션은 쉽게 지루해진다. 강약이나 높낮이 조절을 통해 핵심 메시지를 강조할 수 있어야 한다. 말의 속도의 경우 덜 중요하고 이해하기 쉬운 내용에 있어서는 다소 빠르게 진행하고, 중요한 부분이나 이해가 어려운 부분에서는 강하게 말하거나 청중들에게 생각할 여유를 줘라. 그러면 청중들도 중요도의 차이를 느끼게 된다.

침묵도 언어다

❙ PART 02 비즈니스 프레젠테이션 A to Z

책의 한 페이지를 아무 글자 없이 비워놨다. 이유가 궁금해 앞뒤 장을 넘겨봤을 것이다. 이처럼 말 중간에 잠시 멈추는 것도 효과적인 기술이다. 침묵은 또 다른 언어다. 특히 중요한 부분을 언급할 때는 잠시 멈추고 청중들을 둘러봐라. 청중들도 '무슨 일인가?' 싶어서 주목하게 된다. 그때 핵심적인 메시지를 전달하면 집중도가 높아지는 것을 느낄 수 있을 것이다. 그림에 '여백의 미'가 있듯이 '말의 멈춤'은 말의 여백이자, 다음 말의 주목도를 상승시키는 기술이다. 대부분의 프레젠터들은 내용을 빠르게 전달하는 데 집중하는 경향이 있다. 주어진 프레젠테이션 시간에 비해 많은 콘텐츠를 넣었기 때문이다. 흔히 하는 실수 중 하나다. 프레젠테이션의 달인 스티브 잡스는 침묵을 프레젠테이션에 효과적으로 활용하기로 유명하다. 핵심적인 메시지 앞에서 잠시 말을 멈춰라.

몸짓은 부족하지도 과하지도 않게

프레젠테이션을 진행할 때 말과 함께 중요하게 고려해야 할 것은 눈맞춤(Eye-contact)이다. 프레젠테이션은 쌍방향 커뮤니케이션이다. 눈맞춤은 청중을 프레젠테이션에 끌어들이는 효과적인 방법이다. 청중과 시선을 맞추면 청중은 본능적으로 프레젠터에 집중하게 된다. 청중에게 골고루 시선을 분산함으로써 프레젠테이션에 참여하게 만들어야 한다. 눈, 코, 입 중에서 가장 감정이 잘 드러나는 곳이 눈이다. 그래서 청중들과 눈을 맞춰야 반응과 감정을 읽을 수 있다. 눈을 피하면 자신감이 떨어져 보인다. 프레젠터가 눈맞춤을 피하고 컴퓨터나 슬라이드 화면에 집중하면 결과적으로 청중과의 소통을 거부하는 행위가 된다. 발표자가 자료만 보고 전달하면 청중들도 발표자를 보지 않고 화면이나 출력한 자료에 시선이 머무는 경우가 많다. 발표를 한다는 것은 내가 준비한 자료를 읽기 위한 것이 아니다. 읽는 것만으로 충분하면 그냥 보고서나 제안서를 제출하면 그만이다. 눈을 들어 청중을 보라.

눈맞춤 못지않게 중요한 몸짓 중 하나가 손동작이다. 손동작은 자신감을 보이고 설득력을 높이는 데 효과를 발휘한다. 손의 움직임을 자연스럽게 하기 위해서는 손동작도 연습해야 한다. 연습을 통해 자연스러운 모습이 연출된다. 손바닥을 펴고 팔을 뻗는 몸짓은 자신감을 전달하고, 팔짱을 끼는 행위는 방어적인 신호를 보낸다. 손동작을 다양하게 바꿔 활용해라. 반복적으로 같은 동작을 사용하면 로봇처럼 어색하게 보일 수도 있다. 강조할 때는 다소 동작을 크게 하고, 작은 차이를 언급할 때는 작은 동작으로 연결성을 높일 수 있다. 하지만 손동작도 너무 많으면 주의가 산만해질 수 있다. 청중의 참여를 유도하고 프레젠테이션을 보완할 수 있는 정도로만 한정해야 한다.

자세는 꾸부정하지 않고 당당하게 똑바로 서는 자세가 좋다. 어깨를 펴고 바른 자세를 유지해라. 메시지의 분위기와 몸짓을 어울리게 하라. 심각한 주제의 경우 몸짓도 정중한 분위기를 풍기도록 하고, 가벼운 내용을 설명할 때는 좀 더 편안하고 개방적인 태도를 취해도 좋다.

발표자가 서 있는 위치를 이동하는 것은 스토리를 변경하거나 강조할 때 효과적일 수 있다. 일단 움직임이 크면 청중들은 그 움직임을 주시하고 따라가게 된다. 나는 1시간 정도의 프레젠테이션을 진행할 경우, 중간에 1~2회 정도 자리를 이동해 주의를 환기하거나 주목도를 높이는 편이다. 또 청중에게 등을 돌리는 행동은 삼가라. 프레젠테이션 할 때 대부분 몸 방향이 청중을 향하게 하고, 슬라이드 화면을 바라보며 설명할 때도 상체만 45도 정도 돌려 설명해야 한다. 등을 돌리면 시선이 정반대가 돼 청중과 단절되는 느낌을 준다.

청중 가운데 특정 사람이나 팀을 가리킬 때는 손가락보다는 손 전체를 활용하고, 손바닥이 위로 올라오도록 하는 게 좋다. 청중을 손가락으로 가리키면, 공격적으로 보이고 지적한다고 느끼게 해 불쾌한 인상을 줄 수 있으므로 주의가 필요하다. 강조한다는 의미에서 포인터의 빨간색 레이저 광선을 빙빙 돌리는 경우가 있다. 이는 청중들의 눈을 어지럽힌다. 붉은색 레이저로는 중요 포인트만을 짚어 가리키는 것이 좋다. 간혹 프레젠테이션을 처음 진행하는 후배들이 많이 하는 실수다.

청중의 눈에 거슬리는 습관을 버려라. 다리를 떨거나, 손가락질을 하는 등의 습관은 빨리 알아채 고쳐야 한다. 이런 습관은 주의를 산만하게 할 뿐 아니라 청중에게 불안감을 줄 수도 있다. 자연스러운 몸짓으로 메시지를 보완하라. 연습은 이를 가능하게 한다. 다만 과유불급[9], 너무 몸짓이 많으면 산만해지고 부적합한 몸짓은 오히려 부정적 영향을 줄 수 있음을 함께 명심해야 한다. 마지막으로 표정은 감정을 전달하는 효과적인 도구이다. 표정 연기에 인색하지 마라. 열정이나 진정성이 표현되는 도구이다.

미국 UCLA 명예교수인 심리학자 앨버트 메라비언 교수는 사람이

---

[9] 過猶不及: 정도를 지나침은 미치지 못함과 같다는 뜻으로, 중용(中庸)이 중요함을 이르는 말

상대방으로부터 받는 이미지는 표정과 태도 즉 시각적 요소가 55%, 목소리 즉 청각이 38% 그리고 언어 7% 순으로 구성된다고 주장했다. 비언어적 의사소통이 메시지를 효과적으로 전달하는 데 중요한 요소라는 의미를 내포하고 있다.

③ 청중의 신호를 무시하지 마라

프레젠테이션은 프레젠터와 청중 간 쌍방향 커뮤니케이션이다. 실시간으로 상호 소통이 가능하다. 청중들을 바라보며 청중의 신호를 유심히 살피고 예민하게 반응해야 한다. 분명 청중들은 프레젠테이션 내내 프레젠터에게 신호를 보낸다. '이 부분에 공감합니다', '이 부분은 의문이 있습니다', '이 부분은 이해가 안 갑니다', '수치의 의미를 다시 한번 설명해 줬으면 좋겠습니다' 등등등. 이 신호를 무시하지 말라는 얘기다. 고개를 갸웃거린다는 것은 무엇인가 의심스럽거나, 믿지 못하겠거나, 이해가 안 된다는 뜻이다. 이럴 때는 메시지에 대한 중간 점검이 필요하다. 발표 내용에 대한 부연 설명을 더하고 속도를 다소 늦추는 조절이 필요하다. '이해가 어려운 부분이 있는지' 직접 확인해도 좋다. 프레젠테이션 시 자료를 미리 배포했을 경우 청중이 자료를 계속 뒤적이는 경우가 있다. 이런 경우엔 앞에 들었던 내용과 일관성이 있는지, 뒤에 말한 내용이 앞의 내용과 어떻게 연관되는지를 파악하려는 시도다. 이때는 앞뒤 데이터의 연관성을 다시 짚어주면 된다.

 경험파일

외식 업체에서 프레젠테이션을 했던 경험이다. 프레젠테이션 중간에 업체 대표가 앞에 설명한 장표를 뒤의 데이터와 비교하는 모습이 보였다. 프레젠터가 말하는 데이터가 이전에 설명한 부분과 차이가 있어 의문이 생긴 것이다. 사실 이렇게 차이를 인식하는 것 자체가 프레젠테이션에 주목한다는 것이고 데이터에 민감하다는 뜻이다. 당시 대표와 눈을 맞추면서 바로 부연 설명에 들어갔다. "앞에서 설명드린 내용과 지금 데이터는 조금 다르다는 느낌이 드시지요? 그 차이는 바로 소비자가 인식하는 것과 행동하는 것에 차이가 있기 때문입니다. 소비자가 저희 브랜드를 고려하는 비율은 높은데 그것을 사려는 구매 행동에서는 차이가 있습니다. 그래서 앞의 고려 의향은 높은데 현재 구매 의향은 이렇게 낮게 나타난 것입니다. 이게 브랜드가 안고 있는 과제입니다."라고 설명했다. 대표가 '아하'라고 수긍하는 표정을 짓고 이내 자료에서 눈을 떼고 프레젠터인 나에게 집중하는 모습을 보였다.

특히 비즈니스 프레젠테이션에서 의사결정자의 반응은 수시로 점검해야 한다. 프레젠테이션 진행 시, 핵심적인 의사결정자 즉 대표나 임원의 반응에 주의를 기울여야 한다. 비즈니스 현장에서는 대부분의 직원도 의사결정자의 반응에 주목한다. 어떤 부분에 공감하고 어떤 부분에 부정적 반응을 보이는지를 중간중간 점검하면서 공감하는 부분을 좀더 늘려서 진행하고, 공감하지 않거나 부정적 반응을 보이는 부분은 설득력이 떨어진다는 반응이기에 공감을 유도할 수 있도록 부연 설명을 덧붙인다. 실시간으로 프레젠테이션을 수정, 보완하는 것은 사실 초보자에게는 어려운 부분이다. 끊임없이 프레젠테이션을 발전시키려는 노력이 필요한 부분이다. 프레젠테이션은 청중과의 대화임을 명심해야 한다.

 경험파일

유명 유통업체의 고객만족도 결과를 발표하는 프레젠테이션 때이다. 3년째 조사가 이어졌다. 첫해와 두 번째 해만 해도 해당 업체 대표는 열정적으로 조사 결과를 점검했고 프레젠테이션 중간에도 개선해야 할 부분들을 담당 팀에 지시하곤 했다. 따라서 임직원들은 프레젠테이션 내용에 집중할 수밖에 없었다. 3년째 되던 해 고객만족도 조사 결과를 보고할 때였는데 예년과 분위기가 달랐다. 프레젠테이션을 시작한 지 10분쯤 지났을까 대표의 눈이 감기는 것을 볼 수 있었다. 점심 식사 후 오후에 이뤄진 프레젠테이션이었다. 중간중간 깨어나기도 했지만 대표가 졸음을 떨쳐내지 못하는 상황이었다. 하지만 프레젠테이션을 이어갔다. 임직원들도 상황을 알아챘다. 곁눈질로 대표의 상황을 보자 긴장감이 떨어지는 모습이 역력했다. 의사결정자의 주목도가 떨어

지니까 다른 임직원들까지 프레젠테이션의 집중도가 현저히 낮아진 것이다. 프레젠테이션이 끝난 뒤 후회가 밀려왔다. 의사결정자가 참석했는데 주목을 끄는 조치를 하지 못한 것이 결국 프레젠테이션 전체 주목도를 낮춘 것이다. 경험이 부족했던 탓이다. 프레젠테이션 결과만 잘 전달하면 된다는 생각만 했던 것이다. 결국 당시 후속 비즈니스 기회를 얻지 못했다. 지금 다시 그 현장에서 프레젠테이션 기회가 주어진다면 주의를 환기시킬 조치를 분명히 취했을 것이다. 모두가 대답할 수 있는 질문을 던지거나, 재미있는 예시를 통해 주목도를 끌어올리려 노력했을 것이다. 최소한 힘 있는 목소리로 "지금 이 데이터는 향후 전략을 위해 주의해서 보셔야 합니다"라고 강조하기라도 했을 것이다. 이 같은 경험으로 지금은 의사결정자의 반응에 특히 집중한다.

④ '열정'은 전달된다

열정은 프레젠터의 중요한 자질이다. 프레젠터의 마음가짐을 전달하는 행위, 즉 진정성이기 때문이다. 단순히 목소리를 높이거나 강조하는 말을 반복한다고 전달되는 것이 아니다. 프레젠테이션에 대한 철저한 준비가 곧 진정성으로 연결되고 청중들은 의외로 이를 간파한다. 청중들의 반응을 보면서 '공감 포인트'와 '감탄 포인트'를 시도해라. 청중들이 공감하지 못하거나 이해하지 못하는 표정을 보이면, 일상생활에서 경험할 수 있는 익숙한 예시를 제시해 공감을 유도해라. 이해돼야 공감하고, 공감해야 행동한다. 또 비즈니스 상품과 연결된 프로젝트일 경우 가능한 범위라면 직접 입고, 쓰고, 먹어보는 열의를 보여라. 그 경험을 프레젠테이션에 녹여내면 프레젠테이션의 '공감 포인트'가 더 높아질 수밖에 없다.

열정적인 프레젠터는 프레젠테이션 내내 청중 관리를 놓치지 않는다. 프레젠테이션 하다 보면 시작부터 노골적으로 잠을 자거나 스마트폰을 만지작거리거나 다른 사람과 귓속말을 하는 사람들이 있다. 프레젠테이션 훼방꾼이다. 이들이 프레젠테이션을 방해하지 않는 수준이라면 방관할 수도 있지만, 프레젠테이션 분위기를 망치고 있다면 적절한 조치가 필요하다. 다른 청중에게도 이 같은 분위기가 전염될 수 있기 때문이다.

집중시켜야 할 대상이 있다면 연단에서 내려와 거리를 좁히는 방법도 효과적이다. 물리적 거리감을 줄이면 대부분 프레젠터를 의식하고 집중하게 된다. 질문을 통해 주의를 환기하는 방법도 있다. 이때는 '예' 또는 '아니오' 등으로 간단히 대답할 수 있는 폐쇄형 질문이 낫다. 프레젠테이션에 주목하지 않은 상황에서 주관식 답변을 요구하는 개방형 질문을 하게 되면 엉뚱한 답변이 나와 분위기가 어색해질 수 있다. 청중을 대상으로 설문을 하는 식으로 주의를 끄는 방안도 고려해 볼 만하다. 예를 들면 "종합비타민제 가운데 ○○○ 제품을 아나요?"라는 식

으로 질문하고, 청중의 비중을 따져 브랜드 조사 결과와 비교해보는 것
도 청중의 집중도를 높이는 방법으로 쓰일 수 있다.

- 주목도는 시간 경과에 따라 하락
- 10분마다 다시 주목도를 높일 수 있는 조치가 필요

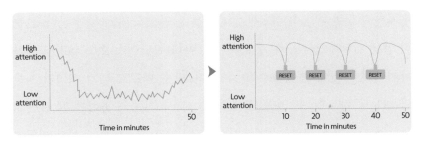

Hartley J and Davies I "Note taking: A critical review"
Programmed Learning and Educational technology, 1978

　일반적으로 청중이 집중하는 시간은 10분 정도로 알려져 있다. 이
른바 '10분 법칙'이라 부르기도 한다. 그래서 나는 프레젠테이션 기본 단
위를 10분이 넘지 않도록 구성한다. 각 단위마다 통일된 한 가지 주제
로 집중하라. 줄거리를 한 줄로 정리할 수 있는 단위라는 의미이다. 청중
의 관심을 끌면서 10분이라는 장벽을 뚫고 새로운 10분으로 나아가는
프레젠터의 역량이 필요하다. 즉 프레젠테이션 내내 주기적인 주의 환기
가 필요하다. 물론 프레젠테이션 콘텐츠의 완성도를 높이는 것이 가장
큰 열정의 매개체지만 프레젠테이션 진행 과정에서 보여주는 프레젠터
의 적극적인 자세에서도 청중들은 열정을 느낀다. 열정이 프레젠터로부
터 청중에게 전달되면 청중은 다시 프레젠터에게 되돌려 준다. 현장에
서 프레젠터와 청중 간에 시너지를 내는 것이다.

⑤ 정확하게 알고 설명해라

프레젠테이션을 할 때 관념적으로 전달하는 팩트들이 있다. 예를 들어 '캠페인의 효과가 100억원'이라고 하자. 이럴 경우 자칫 조사기관의 자료를 인용해 '100억원'이라는 수치만 전달하는 경향이 있다. 하지만 수치를 언급한다면 수치의 산출 근거를 알리는 노력을 해야 한다. 단순히 답을 전달하는 것만이 중요한 것은 아니다. 답이 나오는 과정도 알아야지 청중의 궁금증을 풀어줄 수 있다. 단순 팩트로 넘겨 버리면 청중의 의문을 해소할 수 없다. 프레젠터는 조사 지표를 분석할 때 단순히 수치를 가지고 비교하는 데 그치지 말고 어떤 과정으로 조사가 이뤄졌는지, 분석 방법이 무엇인지에 대해 숙지하려는 노력을 보여야 한다. 실제 프레젠테이션에서 프레젠터들이 수치의 근거를 파악하려는 노력을 간과하는 경우가 심심치 않게 발생한다. 비즈니스 프레젠테이션의 경우 데이터가 언급되는 경우가 많은데 데이터의 생성과정에 대해 관심과 주의를 기울이는 노력을 권한다. 결국 청중은 그 근거에 대한 궁금증 해소도 프레젠터에게 요구하기 때문이다.

또 업종의 시장환경과 규제도 신경을 써야 할 부분이다. 마케팅 조사 업무를 수행하는 리서치 회사도 고객들에게 만족도 평가를 의뢰한다. 이때 심심치 않게 나오는 얘기가 '업에 대한 이해가 부족하다'는 평가다. 다양한 업종의 기업들과 비즈니스 프로젝트를 수행하다 보니 해당 업종마다 모두 전문성을 발휘하기는 한계가 있을 수밖에 없다. 비즈니스 프레젠테이션 영역에서 프레젠터가 더욱더 역량을 높여야 할 부분이기도 하다. 정보의 홍수시대에 살고 있는 만큼 관심을 두면 해결될 수 있는 과제이기도 하다.

경험파일

주류 업체와 광고조사 관련 프레젠테이션을 했을 때의 일이다. 당시 해당 업체가 집행한 TV 광고 인지율이 상대적으로 낮았다. 원인을 다양하게 분석했는데 설명 과정에서 청중들이 이미 인식하는 부분이라 생각해 제외한 부분이 있었다. Q&A 과정에서 해당 업체 직원 한 분이 그 부분에 의문을 제기했다. 광고 내용이나 모델의 문제보다도 '광고 시간에 대한 규제가 크게 작용한 것 아니냐'는 질문을 던졌다. 주류에 대한 TV 광고는 현재 국민건강증진법 시행령에 의해 오전 7시에서 밤 10시까지 광고를 못하도록 규제를 받고 있다. 마케팅 지표상으로는 드러나지 않는 업종만의 특징이다. 프레젠테이션을 준비하면서 다행히 이 정보를 숙지한 상황이라 나는 자신 있게 "주류 광고 제한으로 인해 광고 인지율이 낮았다면 이전 광고들에서도 인지율이 낮았어야 했는데, 이전 광고들은 인지율이 높은데 지금 집행한 광고는 인지율이 낮게 나왔습니다. 이는 광고 자체에 문제가 있다고 볼 수 있습니다."라는 분석을 제시했다. 만약 지표에만 집중하고 업종에 대한 규제를 몰랐다면 프레젠테이션이 어땠을까? 현장에서 당황했을 테고, 청중들은 업계에서는 다 아는 내용조차 숙지를 못한 프레젠터의 모습에 신뢰가 떨어졌을 게 분명하다. 업계에서는 당연한 사실이지만 리서처로서는 자칫 알기 어려운 팩트일 수 있다. 이 같은 경험이 쌓이면서 나는 조사 프로젝트를 수행할 때 조사 지표뿐 아니라 업종만의 특수성이나 현안을 챙기려고 노력한다.

6 중요한 숫자는 기억해라

프레젠테이션 할 때 전체를 관통하는 중요한 숫자들이 있다. 외워야 한다. 대략적인 숫자가 아니라 정확한 숫자로 언급해야 신뢰도를 높인다. 특히 의사결정자들은 숫자에 민감하므로 소수점 첫째 자리까지 언급해주는 게 좋다. 즉 '약 80%'보다는 '78.5%'로 정확하게 언급하면 신뢰를 더한다. 또 앞서 언급했더라도 중요한 수치는 프레젠테이션 진행 중간마다 반복해서 언급하는 것이 좋다. 예를 들어 "지금 최선호도가 '5.6%'로 나오는데 앞서 최초상기도가 얼마 나왔는지 기억하나요? '5.3%'였습니다. 비슷하지요? 맨 처음 언급되는 '최초상기도'와 가장 좋아하는 브랜드인 '최선호도'는 비슷한 경향을 보입니다."라는 식으로 인용하면 연관성에 더해 반복 효과를 발휘해 더 잘 각인될 수 있다. 비즈니스 프레젠테이션은 숫자가 다수 노출되는 경우가 많아서 중요한 숫자들을 잘 활용하는 것도 프레젠터의 역량이다.

7 돌발질문 대처는?

프레젠테이션 진행 중간에 참석자들이 돌발질문을 하는 경우들도 종종 있다. 돌발질문에 답하는 방식은 프레젠터의 스타일에 따라 다를 수 있다. 질문에 대한 답이 이후 발표할 내용에 포함되어 있다면 "그 부분이 궁금하시죠? 그래서 저희도 그 내용을 준비했습니다. 조금 더 진행하면 질문하신 내용에 대한 답을 보실 수 있을 겁니다."라고 하면서 자연스럽게 원래대로 진행하며 다음 스토리에 대한 기대를 높일 수도 있다. 또 질문과 관련된 장표를 바로 설명하는 것이 프레젠테이션 진행에 어려움이 없다면 바로 해당 내용으로 넘어가서 "그럼 궁금하신 부분부터 설명하겠습니다."라고 하면서 질문한 내용에 대한 답을 먼저 설명기도 한다. 중요한 것은 청중의 의견에 주의를 기울이고 청중을 존중하는 자세다. 질문 내용이 프레젠테이션 내용과 다소 동떨어진 때에도 해당 질문을 프레젠테이션 주제로 자연스럽게 유도하는 능력은 프레젠터의 역량이다.

문제는 프레젠테이션 맥락과 전혀 다른 질문이 나오는 경우다. 이럴 때 프레젠테이션 흐름이 끊기기 쉽다. 프레젠터의 순발력이 필요하다. 질문이 당황스럽더라도 평정심과 침착함을 잃어서는 안 된다. 이런 경우 일단 말을 끊거나 즉답을 하려는 시도를 자제하라. 가볍게 받아넘기기 어려운 상황이라면 "해당 질문은 Q&A 시간에 함께 고민해보겠습니다"라는 식으로 넘기고 프레젠테이션을 이어가는 것이 현명하다. 프레젠테이션 맥락과 멀어진 얘기로 시간을 낭비할 수 있기 때문이다. 아예 이런 돌발질문 상황을 원치 않는 프레젠터라면 미리 프레젠테이션을 시작할 때 "질의, 응답 시간은 별도로 배정된 시간이 있으니 그때 한꺼번에 해주십시오"라고 요청하는 방법도 있다.

⑧ 'Q&A', 유연하게 대처하라

비즈니스 프레젠테이션에서 프레젠터가 가장 두려워하는 시간이다. 미리 충분히 준비했더라도 예상치 못한 질문이 나올 수 있으므로 긴장되고 두려워진다. 그러나 한편으로는 이 질의, 응답 시간이 전문성과 경험, 노하우를 가장 잘 보여줄 수 있는 시간이기도 하다. 난해한 질문에 잘 대응한다면 위기가 기회로 바뀌는 순간이 오기도 한다. 청중들도 Q&A 시간을 준비한다. 비즈니스 프레젠테이션의 경우 발표 내용이 자칫 본인 부서나 본인에게 영향을 끼칠 수 있을 때 청중들은 예민하게 반응한다. 또 발표 내용이 자기 생각과 다를 경우 이의를 제기하기도 한다. 발표자의 논리적 허점을 꼬집기도 한다. 프레젠터는 먼저 어떤 도발적인 질문에도 흥분해서는 안 된다. 질문의 성격과 관계없이 긍정적이고 정중한 태도로 답변해라. 방어적이거나 무시하는 태도는 청중과의 교감을 떨어뜨린다. 우선 질문을 받게 되면 그 질문을 경청하며 수용하는 태도를 보이는 게 중요하다. '좋은 질문 고맙습니다' 또는 '역시 예리하게 분석하시네요', '네 명확히 보셨습니다', '그런 의문이 드는 게 당연합니다', '저희도 고민한 부분이었습니다' 등 질문자를 인정하는 태도를 먼저 보여야 한다. 설사 발표자를 공격하기 위한 질문이라도 마치 스펀지처럼 흡수하면 공격 분위기가 누그러질 수 있다. 청중 참여를 유도하는 것도 한 방법이다. 즉 질문에 답하는 데 청중을 참여시키는 것이다. 유사한 질문을 갖고 있는 사람이 있는지, 해당 문제에 대해 어떻게 생각하는지 등을 청중과 함께 고민하는 것이다. 답변을 할 때는 솔직하게 대응하라. 질문에 대한 답을 모른다면 그 자리에서 즉각적인 답변을 하는 것을 피하라. 질문에 대해 감사를 표시하고 나중에 해당 정보에 대해 후속 조치를 취하거나 추가 자료를 제시하겠다고 약속하라. 투명성은 청중과 신뢰를 구축한다. 질문이 프레젠테이션 주제와 관련이 없거나 전문 지식 범위를 벗어나는 경우 현재 주제에 속하지 않는다는 점을 정중히 언급하고 답변이 어렵다는 의사를 표시하는 방법도 고려할 수 있다.

또 이미 설명한 내용에 대해 다시 질문이 나오는 경우가 있다. 이때 "제가 이미 설명해 드렸는데요"라는 대답보다는 "제가 설명했었는데 부족했나 봅니다. 좀 더 자세히 설명해 드리겠습니다."라고 대응하라.

Q&A 세션에 정해진 시간을 할당하고 효과적으로 질문 수와 시간을 관리하는 것도 프레젠터의 역량이다. 질문 시간을 미리 공지해 청중들도 질문 시간이 한정돼 있음을 인식하도록 해라. 불필요하게 시간이 길어지는 것을 자연스럽게 예방할 수 있는 방법이다. 예상치 못한 질문은 프레젠테이션의 자연스러운 부분이며 이를 세련되게 처리하는 능력은 경험이 쌓이면서 단련된다.

Q&A가 끝나면 핵심 메시지를 다시 한번 정리해라. 프레젠테이션 발표 내용 중 가장 강조할 점을 요약해 다시 한번 전달하라. 이 프로젝트의 목표이자 프레젠터의 결론이기도 하다. 청중들은 마지막 메시지에 집중한다.

 **알맹이**

Chapter 03 프레젠테이션 START

1. 첫 5분 안에 현장에 적응해라

청중은 찰나의 순간에 프레젠터에 대한 호감 여부를 결정한다. 첫인상이 중요하다. 매력적인 오프닝으로 시작해라. 프레젠테이션 시작 5분 안에 프레젠터는 평상시 어조와 속도를 회복하라.

2. 침묵과 몸짓은 또 다른 언어다

자신감 있는 어조로 말의 강약, 높낮이를 활용하라. 강조를 위해 침묵도 이용하라. 침묵은 또 다른 언어다. 청중들과 눈을 맞추며 반응과 감정을 읽어라. 다양한 몸짓으로 청중과 교감하되 부족하지도, 과하지도 않게 해라.

3. 청중의 신호를 무시하지 마라

프레젠테이션은 프레젠터와 청중 간 쌍방향 커뮤니케이션이다. 청중들을 바라보며 청중의 신호를 유심히 살피고 예민하게 반응하라.

4. '열정'은 전달된다

비즈니스 상품과 연관된 프로젝트일 경우 가능한 범위라면 직접 입고, 쓰고, 먹어보는 열의를 보여라. 프레젠테이션 내내 청중 관리를 놓치지 마라. 진정성은 열정으로 표현되고 공감으로 이어진다.

5. 정확하게 알고 설명해라

단순히 지표를 전달하는 것만이 중요한 것은 아니다. 지표가 산출된 과정도 정확히 알아야 청중의 궁금증을 풀어줄 수 있다. 업종의 시장 상황이나 규제도 간과해선 안 된다.

6. 중요한 숫자는 기억해라

프레젠테이션 할 때 전체를 관통하는 중요한 숫자들은 기억해서 활용하라. 대략적인 숫자가 아니라 정확한 숫자로 언급해야 신뢰도가 높아진다.

7. 돌발질문 대처는?

돌발질문은 궁금증을 해소할 수 있으면 즉각 대처하고, 전체 흐름을 끊을 수 있는 경우엔 발표 후에 따로 설명하도록 한다. 융통성 있게 대처하라.

8. 'Q&A', 유연하게 대처하라

질문자를 이해하고 질문에 수용하는 태도를 보여라. 예상치 못한 질문이나 답을 알지 못할 경우에는 "추후 확인해서 답변을 전달하겠다"는 식으로 솔직히 대응하라.

CHAPTER
04 프레젠테이션 REVIEW

1 프레젠테이션 '성장 노트'를 만들어라

프레젠터가 아무리 훌륭한 프레젠테이션을 해도 그 결과가 항상 성공적일 수만은 없다. 실패했다면 그 결과를 받아들이고 되새기며 앞으로 성공 확률을 높이면 된다. 나는 성공보다 실패가 더 큰 교훈을 준다고 확신한다. 실패에 좌절하지 않았던 이유도 실패가 나를 더욱 키워준다는 믿음을 가졌기 때문이다. 프레젠테이션이 끝나면 반드시 복기를 권한다. 다음번에 진일보된 프레젠테이션을 하기 위해서다. 한두 번은 실수지만 반복하면 실수가 아니라 무능이 된다. 나는 프레젠테이션을 마치면 프레젠테이션 하면서 느꼈던 점, 잘한 점, 아쉬웠던 점, 앞으로 개선할 점 등에 대해 정리한다. 나름대로 프레젠테이션 '성장 노트'라고 이름 지었다. 이 노트에는 내가 스스로 한 평가도 있지만, 같이 참석했던 동료, 상사, 후배들의 반응도 함께 기록한다. 기록하는 순간 우리 뇌에도 강한 글씨가 쓰인다는 사실을 믿어라. 곧 행동의 변화가 만들어지는 것이다.

나만의 활용 예시나 인용 문구들의 창고를 만들어라. 비즈니스 프레젠테이션의 경우 개념을 설명하는 예시나, 콘텐츠를 부연 설명하는 예시의 경우 반복되는 경우가 적지 않다. 프레젠테이션에서 반응이 좋았거나 공감 가는 예시를 따로 정리해 놓으면 프레젠테이션 시 효과적으로 사용할 수 있다.

② 소소한 '뒤풀이'를 해라

비즈니스 프레젠테이션의 경우, 성공해서 비즈니스 프로젝트와 연관되는 때도 있지만, 실패하는 때도 당연히 발생한다. 프레젠터는 실패했을 때 특히 주의를 기울여야 한다. 비즈니스 프레젠테이션을 준비한 주최 측 관계자, 실무자들에게 수고에 대한 감사 인사를 잊지 마라. 나는 이를 '소소한 뒤풀이'라고 생각한다. 보통 프레젠테이션에 성공했을 때 감사 인사를 전하는 경우는 많지만 비즈니스 수주에 실패한 회사가 주최 측에 감사 인사를 표하는 경우는 적다. 이 같은 감사 인사는 주최 측에게 당연히 좋은 인상을 남긴다. 그리고 기억에 강하게 남는다. 그 담당자들과 또 다른 현장에서 만나는 경우가 종종 있다. 그때 그들의 반응은 분명 처음 만났을 때와 달라져 있다. 경험이다.

③ 잔소리

① 프레젠테이션 영향력을 간과하지 마라

나는 업무적으로 비즈니스 프레젠테이션을 20여 년 해오고 있다. 초기엔 단순히 데이터를 분석해 고객이 원하는 지표를 제시하면 프레젠터의 역할은 끝난다고 생각했다. 하지만 나의 프레젠테이션이 미치는 나비효과[10]를 생각하면 가슴이 철렁한다. 마케팅 조사 결과 고객 불만족 지표가 높게 나와 고객 서비스 부문 임원이 그만두거나, 광고 효과가 미약해 광고 집행부서의 예산이 대폭 삭감되는 등 내가 비즈니스 조사를 수주해 수행한 결과는 내가 예상치 못한 방향으로 흘러가는 경우가 적지 않다. 프레젠테이션의 방점을 어디에 두느냐에 따라 그 영향은 천차만별이다. 흔한 예이지만 컵에 반쯤 담긴 물은 '반이나 있다'고 할 수도 있고 '반밖에 없다'고 할 수도 있다. 나는 데이터를 다룬다. 그 데이터는 컵에 반쯤 담긴 물일 경우가 종종 있다. 비즈니스 현장에서의 프레젠터는 그만큼 신중하게 통찰력을 전달해야 하는 막중함이 있는 것이다.

경험파일

> 30대 때 전국에 지점을 둔 대형 유통기업의 고객만족도 조사를 했던 경험이다. 대형 유통기업의 총괄 대표와 지점장들이 모인 자리였다.

---

10 나비의 작은 날갯짓처럼 미세한 변화, 작은 차이, 사소한 사건이 추후 예상하지 못한 엄청난 결과나 파장으로 이어지게 되는 현상

고객만족도 조사 결과를 전달하는 프레젠테이션이었다. 기업 분위기는 다소 엄격했다. 당시 해당 기업은 조사 결과에 대한 프레젠테이션을 위해 프레젠터는 2시간 전에 와서 대기하고, 발표 현장에는 1명만 입장하라고 주문했다. 참석자들은 대부분 머리가 희끗희끗한 50대 이상의 중년 남성들이었다. 유통업체 각 지점장들이었다. 지점별 고객만족도 조사 결과라서 지점별 전체 만족도와 서비스 항목별 만족도 발표가 예정돼 있었다. 만족도 데이터를 어떻게 산출했는지 과정을 설명하고 지점별 전체 만족도 순위를 발표했다. 그때 갑자기 돌발상황이 발생했다. 발표를 듣던 총괄 대표가 최하위 순위 지점을 가리키며, "○○지점, 지점장 일어나봐. 왜 이렇게 점수가 낮아?"라고 바로 책망하는 것이었다. 해당 지점장이 일어났고 꾸중을 듣는 학생처럼 대표의 지적을 듣고 있었다. 구부정하게 일어났던 그 모습이 지금도 눈에 선하다. 당시 모두 내 아버지 나이와 비슷한 연배였다. 내 등줄기에 땀이 흐르기 시작했다. 당시 30대 팀장이었던 나는 그 상황이 너무 당혹스럽고 난처했다. 그 다음에도 항목별 만족도를 발표할 때마다 총괄 대표는 최하위 지점의 지점장들을 계속 일으켜 세우고 핀잔을 줬다. 외부 프레젠터가 있는 자리에서 꼭 그렇게 해야만 했는지에 대한 적절성이 문제가 아니라 비즈니스 결과는 이렇듯 냉정한 영향을 끼치는 사안이라는 점을 알아야 한다. 그 프레젠테이션을 어떻게 마쳤는지 모를 정도로 긴장했던 기억이다. 선생님에게 떠든 학생을 고자질하는 기분이랄까? 그래서 나는 이해관계가 얽힌 성적표와 같은 리서치 결과를 발표할 때면 지금도 긴장하곤 한다. 데이터 하나하나가 평가와 직결되는 경우 내가 얼마나 정확하게 데이터를 산출해야 하는지, 말 한마디 한마디에 얼마나 신중해야 하는지를 가슴에 새긴 프레젠테이션이었다.

② 다양한 기회를 놓치지 마라... 분명 보상한다

마케팅 조사 방법으로 심층 인터뷰(In-Depth Interview)와 좌담회 (Focus Group Discussion)가 있다. 정성조사의 한 방식으로 전문가나 소비자를 섭외해 구매 의향이나 욕구, 불만, 개선사항 등을 심층적으로 일대일 인터뷰 방식 또는 좌담회를 통해 파악하는 과정이다. 진행자는 가이드라인을 토대로 진솔한 얘기를 끌어내는 역할을 한다. 지금은 리서처보다는 전문 프리랜서들이 주로 담당하는 업무다. 나는 팀장 때까지 심층 인터뷰와 좌담회의 모더레이터(사회자) 역할을 수행했다. 굳이 내가 맡을 필요가 없을 때에도 기회가 생기면 적극적으로 참여했다. 정량적인 수치 속에 숨겨진 소비자들의 의식을 생생하게 체험할 수 있는 데 매력을 느꼈다. 가이드라인이 있지만 참가자의 특성에 따라 주제가 갈팡질팡하기도 한다. 이 경험은 프레젠테이션 능력 향상에도 기여했다고 자평한다. 심층 인터뷰나 좌담회를 통해 느꼈던 생생한 현장 상황이 프레젠테이션에 녹아 들어갔으며, 주제를 벗어난 참가자를 다시 집중하게 하면서 돌발상황에 대응하는 순발력도 기를 수 있었다. 무엇보다 청중에 집중하고 공감하는 능력이 자연스럽게 체득됐다고 생각한다. 우리는 때로 업무를 명확히 구분하려 한다. 자기 업무가 아니라고 판단되면 시도하는 데 주저하고 귀찮아한다. 상사의 요청에도 '내 업무가 아닌데' 하면서 선을 그으려 하는 때도 적지 않다. 물론 맡은 바 업무를 소홀히 하고 나서라는 것은 아니지만 여력이 있다면 업무 환경에서 빚어지는 다양한 경험의 기회들을 놓치지 않았으면 한다. 돌이켜 보면 그 기회는 반드시 보상을 한다.

③ 비즈니스 파트너는 함께 성장한다

10여 년 이상 나에게 비즈니스 조사를 의뢰해 온 이른바 단골 고객들이 적지 않다. 어떤 고객들은 이 기간에 많게는 4~5곳 정도 회사를 옮기기도 했다. 하지만 회사를 옮겨서도 나에게 마케팅 조사를 꾸준히 의뢰하는 이유는 뭘까? 업무에 대한 신뢰 관계가 형성됐기 때문에 지속적으로 비즈니스가 이뤄졌다고 생각한다. 우리는 비즈니스를 할 때 단건으로 생각하는 경우가 종종 있다. 이번 프로젝트만 하면 인연이 끝나는 관계로 생각하고 일에 접근한다. 하지만 그런 마음가짐은 상대적으로 프로젝트에 대해 수동적으로 만들고, 열정적인 접근을 방해한다. 나는 비즈니스 프로젝트를 수주하고 프레젠테이션을 준비하는 과정에서 업무적 파트너인 고객의 성장을 항상 염두에 둔다. 고객으로부터 의뢰받은 프로젝트를 고객이 요구하는 기대 이상으로 달성하고자 노력한다. 고객이 결실을 거두게 하기 위해서다. 그렇게 프로젝트에 접근하다 보면 프로젝트 완성도가 높아진다. 나의 실수가 곧 고객의 실수가 될 수 있다는 동질감이 생기기 때문이다. 이 과정에서 프레젠테이션은 큰 역할을 한다. 기업에서 예산을 투입해 외부 업체에 프로젝트를 의뢰했는데 해당 업체가 성공적으로 조사를 수행해 프레젠테이션으로 그 결과를 보여주면 그 공적은 모두 해당 프로젝트를 담당한 나의 기업 파트너에게 돌아간다. 그래서 기업의 비즈니스 파트너가 성장하면 나도 더 많은 프로젝트 기회를 얻을 수 있지 않겠는가. 결국 업무적 갑을 관계를 넘어 함께 성장하는 동반자적 관계로 발전하는 것이다. 특히 CEO나 임원에게 프로젝트 프레젠테이션을 하는 경우 성공적인 반응이 나올 때는 나는 해당 프로젝트 담당자의 노고를 전달하려고 노력한다. 이런 과정을 거치며 함께 비즈니스 관계를 이어오다 보니 대리, 과장급이었던 기업 담당자들은 어느덧 부서장과 임원으로 활동하고 있다. 파트너가 성장하고 관할 업무가 늘어나면서 초기 수천만 원대였던 프로젝트 규모가 지금은 수억 원대 프로젝트로 성장한 경우가 나오는 것이다. 비즈니스 관계가 유지되는 비결은 함께 성장한다는 것을 서로가 알고 있기 때문이다.

④ 비즈니스의 첫 단추는 '명함'이다

너무도 당연하지만 간과하는 부분이다. 비즈니스 과정에서 혹은 프레젠테이션 전후에 명함을 교환하는 경우가 일반적이다. 이때 명함이 준비되지 않은 경우가 종종 발생한다. 다소 민망한 경우다. 명함은 비즈니스에서 나를 알리는 첫 번째 도구이자 비즈니스 관계 형성을 위한 첫걸음이다. 명함은 언제 어디서든 꺼낼 수 있게 지갑이나 수첩 등 여러 곳에 분산해서 넣어둬라. 쉽게 전달할 수 있는 준비를 하는 것이다. 명함을 몇 장 준비하지 못해 '명함이 떨어졌습니다' 하는 것도 비즈니스 현장에서 준비되지 못한 모습이다. 비즈니스 상황에서 명함을 받으면서 명함을 건네주지 못하는 상황을 만들어선 안 된다. 명함에는 이름뿐 아니라 연락처, 이메일 등 비즈니스를 위한 향후의 연결고리가 포함돼 있다. 비즈니스의 첫 단추는 명함이다. 비즈니스 현장에 갈 때는 명함을 충분히 챙겨라.

 **알맹이**

Chapter 04 프레젠테이션 REVIEW

1. 프레젠테이션 '성장 노트'를 만들어라

   프레젠테이션을 마치고 잘한 점, 개선할 점 등을 기록하라. 같이 참석했던 동료, 상사, 후배들의 반응과 평가도 반영한다.

2. 소소한 '뒤플이'를 해라

   비즈니스 프레젠테이션 과정의 인연을 소중히 여겨라. 프레젠테이션이 끝난 뒤 주최 측에 감사의 마음을 전하라. 특히 비즈니스가 연결되지 않았을 때 더 중요하다. 인연은 되돌아온다.

3. 잔소리

   "프레젠테이션 영향력을 간과하지 마라"
   "다양한 기회를 놓치지 마라... 분명 보상한다"
   "비즈니스 파트너는 함께 성장한다"
   "비즈니스의 첫 단추는 '명함'이다"

에필로그

 프레젠테이션 달인의 비결은 무엇일까? 프레젠테이션을 잘하고 싶은 직장 초년생들의 관심사일 것이다. 감동을 주는 연설가였던 영국 수상 처칠은 즉흥 연설의 대가로 알려져 있다. 하지만 처칠은 연습을 많이 해야 즉흥 연설처럼 보일 거라고 생각했다. 그의 연설과 유머는 끊임없는 노력과 사전 연습의 결과였다. 처칠은 언제 어떤 유머를 구사해야 할지 미리 준비했고, 거울을 보며 얼굴 표정이나 몸짓까지 반복해서 연습했기에 즉흥 연설처럼 보인 것이다. 프레젠테이션 달인들도 타고난 것이 아니라 만들어진다는 점을 명심해야 한다. 우리는 1만 시간의 법칙을 알고 있다. 어떤 분야에 전문가가 되기 위해 투입돼야 하는 시간이다. 하루에 약 3시간씩 10년 동안 투자해야 한다. 우리는 시간을 소중히 여긴다. 프레젠테이션 비용을 생각해 본 적이 있는가? 프레젠터 혼자의 발표 시간과 준비 노력만이 계산되는 것이 아니다. 청중들이 생산적인 일을 제쳐두고 참여하는 시간과 비용, 즉 기회비용을 생각하면 프레젠터의 마음가짐이 달라져야 한다. 청중의 소중한 시간까지 쓰는 것인 만큼 책임감을 느껴야 한다.

 청중의 시선이 집중되기 때문에 정도의 차이는 있지만, 누구나 프레젠테이션에 대해 두려움이 있다. 그 두려움은 불가항력이 아닌 극복할 수 있는 진보의 조건이다. 프레젠테이션에 대한 두려움을 없애야 할 대상이 아니라 앞으로 나아가는 과정으로 자연스럽게 받아들여라. 프레젠테이션은 사회생활을 하는 한 계속할 수밖에 없는 과제다. 매번 성공할 수도 없다. 하지만 기회가 있을 때마다 프레젠테이션에 적극적으로 나서라. 그리고 연습하고 또 연습하라. 그러면 성공 확률이 한층 더 높아질 것이다.

특히 비즈니스 프레젠테이션을 하나의 스토리로 접근하는 것을 잊지 마라. 비즈니스 프로젝트와 관련한 프레젠테이션의 경우 데이터와 정보가 많은데 이들의 의미를 연결고리로 엮어 전체적인 결론에 도달하려는 스토리텔링 노력이 필요하다. 특히 후배들과 프레젠테이션을 준비하면서 핵심 주제와 이를 구현하는 구성을 논의할 때, 후배들이 연결고리를 찾아 의미를 연결하는 데 어려움을 겪는 모습을 종종 발견한다. '구슬이 서 말이라도 꿰어야 보배'라는 속담이 있다. 구슬 하나하나를 나열하는 것은 의미가 없다. 그 구슬을 엮어내는 연습이 프레젠터에게는 필수적이다. 바로 '편집'의 중요성이다. 문화심리학자 김정운 박사는 하늘 아래 새로운 것은 없다며 '편집'의 중요성을 강조해왔다. 마치 끝말잇기를 하듯이 내용이 자연스럽게 연결되는 프레젠테이션을 시도하라. 프레젠테이션 고수의 길에 한 발 더 다가갈 수 있다.

프레젠테이션은 프로젝트에 대한 모든 노력이 응축된 결과물이다. 이 글을 읽는 독자들이 비즈니스 프레젠테이션을 준비하며 콘텐츠를 구성하고, 청중에게 효과적으로 전달하는 모든 과정에서 나의 실전 경험이 조그만 밀알이 되기를 진심으로 소망한다.

프레젠터 김연미를 바라보며

먼저 주저했다. 곁에서 바라본 비즈니스 프레젠터의 모습을 진술하게 담는 것도 이 책을 선택한 독자들에게 도움이 될 거라며 저자가 글을 요청했다. 30년 기자 생활을 하면서 객관적인 입장에 서는 것이 익숙하지만 저자의 남편으로서 하는 얘기를 독자들이 어떻게 받아들일까에 대해 걱정이 앞섰다. 하지만 저자를 가장 오래 지켜본 사람으로서 사족을 달아보려고 한다. 저자가 겪었던 비즈니스 현장의 고민을 함께 나눴던 사람으로서 의리이기도 하다.

프레젠터로서 저자 김연미는 '프로답지 않은 프로'다

상식적으로 생각하는 프로페셔널 비즈니스 프레젠터는 타고난 언변에 재치를 갖추고 비즈니스 프로젝트 수행에 탁월한 사람이다. 하지만 저자는 다르다. 그녀는 타고난 프레젠터가 아니다. 연습의 달인이다. 주요한 프레젠테이션이 있을 때면 집에서 리허설을 반복한다. 내가 동원된다. 프레젠테이션을 보고 피드백을 해달라고 요청한다. 두세 번에 끝나지도 않는다. 네 번, 다섯 번 이어진다. 어조와 말의 속도는 물론 몸짓까지도 자연스러워질 때까지 연습한다. 표현이 적절한지, 예시가 체감되는지, 몸짓은 어색하지 않은지, 눈에 거슬리는 습관은 없는지 등등등. 귀찮을 정도로 점검한다. 하지만 인정한다. 그런 과정이 쌓여 저자가 프레젠테이션을 업그레이드하고 있다는 것을... 저자의 책 내용에서 인상적인 부분이 있었다. 즉흥 연설로 유명한 영국 수상 처칠의 사례를 들며 '열심히 준비하고 노력하면 즉흥 연설처럼 보인다'는 부분이다.

저자의 프레젠테이션은 쉽다

저자와 비즈니스 프레젠테이션에 대해 의견을 나눌 기회가 많다. 그때 저자의 프레젠테이션의 주안점을 느낄 수 있었다. 먼저 저자의 프레젠테이션은 쉽다. 나는 마케팅 리서치에 문외한이다. 마케팅 조사의 경우 전문용어나 데이터가 많이 등장한다. 그래서 저자는 내가 쉽게 이해할 수 있는지를 먼저 점검한다. 쉽게 이해할 수 있어야 공감하고 비즈니스로 연결될 수 있다는 철학을 갖고 있다. 그래서 전문용어는 풀어쓰려고 노력하고 생활 속에서 체감할 수 있는 적절한 예시를 찾으려고 노력한다. 그래서 전문적인 마케팅 조사 영역이지만 저자의 비즈니스 프레젠테이션은 나에게도 쉽다. 학술 강의가 프레젠터의 역량으로 생활 강의가 되는 것처럼...

저자는 비즈니스 파트너 입장에서 고민한다

저자의 프레젠테이션엔 고집이 있다. 바로 고객이 비즈니스 프로젝트를 통해 무엇을 원할까를 우선시한다. 그 부분은 양보하지 않는다. 데이터를 해석할 때도 고객이 가려워하는 부분에 집중하려고 노력한다.

그래서 주제넘게 대안을 제시하려고 노력한다. 때로는 답답하게 느껴질 때도 있다. '굳이 그렇게까지 할 필요가 있을까' 하는 생각이 들 정도다. 마케팅 조사 영역을 벗어나지 않나 하는 생각도 든다. 그러나 저자는 수 천만 원, 수억 원의 프로젝트를 주는 비즈니스 파트너가 투입 비용을 아깝게 느껴서는 안 된다고 강조한다. 마케팅 프로젝트를 수행하며 데이터를 넘어 비즈니스 파트너를 본다. 열정이 부럽기도 하고 안타깝기도 하다. 그만큼 일이 힘들어질 테니까. 하지만 그런 열정이 비즈니스 파트너들과의 인연을 오래 이어가는 밑바탕이 되고 있는 것을 이제는 안다.

'비즈니스 프레젠테이션'을 20여 년 해온 저자에게 이 책이 무슨 의미를 가지고 있는지를 물은 적이 있다. 그때 '백지장 한 장 차이'를 극복하게 하고 싶다는 말을 들었다. 누구에게는 단순하고 당연하고 쉬운 일이, 누구에게는 어디서부터 어떻게 준비해야 할지 막막할 때가 있는데, 이 같은 어려움을 여행 가이드처럼 해결해 주고 싶다는 것이다. 비즈니스 프레젠테이션을 준비하는 사회인들에게 저자의 바람이 조금이라도 이뤄질 수 있기를 함께 기원한다.

기자로 살아온 남편이 저자를 보며 덧붙이는 글입니다.
정창준 드림

저자 소개

지은이 김연미

저자는 비즈니스 프레젠테이션에 진심이다. 전문 비즈니스 영역에서도 쉽게 이해하고 공감하는 프레젠테이션을 지향하며 비즈니스 통찰력을 제공하는 프레젠테이션을 추구해왔다. 그러한 노력이 선순환을 일으켜 리서치 업계에서 1,000여 회 이상의 프레젠테이션을 수행할 수 있었던 원동력으로 작용했다.

저자는 마케팅 리서치에 진심이다. TNS(現 KANTAR)를 시작으로 입소스(IPSOS)에 이르기까지 20여 년간 리서처로서 자부심을 갖고 활동하며 전자, 제약, 금융, 식품, 자동차 등 다양한 카테고리의 500여 개 브랜드와 비즈니스를 수행했다. 글로벌 경쟁 속에서 브랜드의 성장과 마케팅 전략을 기업 파트너와 함께 모색해왔다. 마케팅의 트렌드를 놓치지 않을 수 있었던 소중한 기회였다.

저자는 사람에 진심이다. 비즈니스를 수행하며 비즈니스 파트너의 성장을 돕고 후배 리서처들의 가이드 역할을 게을리하지 않았다. 회사 내에서뿐 아니라 한국조사협회와 한국디지털광고협회 등에서 브랜드와 마케팅 조사는 물론 비즈니스의 핵심인 프레젠테이션을 주제로 꾸준히 강의에 임하는 이유도 여기에 있다.

걸어온 길

- 1991년~1997년, 이화여대 신문방송학과 학사, 석사
- 1997년~현재, TNS(현 KANTAR) 입사 후 Research International 거쳐 현재 입소스(IPSOS)의 광고·및 브랜드 조사 본부장(상무)
- 2013년~현재, 서울시와 한국조사협회 주관 '민간기업 맞춤형 뉴딜일자리, 마케팅리서치 양성과정'의 브랜드 및 광고 전략, 비즈니스 프레젠테이션 과정의 강사

- 2023년~현재, 서울시와 한국디지털광고협회 주관 '디지털전문 광고 마케터 교육 및 취업과정'의 프레젠테이션 및 문체부와 한국디지털 광고협회의 '디지털 광고 온라인 교재' 강사

비즈니스 프레젠테이션? 광고처럼 해라

초판발행	2024년 8월 8일
지은이	김연미
펴낸이	안종만 · 안상준
편 집	김다혜
기획/마케팅	박부하
표지디자인	이영경
제 작	고철민 · 김원표
펴낸곳	㈜ **박영사**
	서울특별시 금천구 가산디지털2로 53, 210호(가산동, 한라시그마밸리)
	등록 1959. 3. 11. 제300-1959-1호(倫)
전 화	02)733-6771
f a x	02)736-4818
e-mail	pys@pybook.co.kr
homepage	www.pybook.co.kr
ISBN	979-11-303-2047-2 03320

* 파본은 구입하신 곳에서 교환해 드립니다. 본서의 무단복제행위를 금합니다.
* KOMCA(한국음악저작권협회) 승인필 도서입니다.

정 가   17,000원